Réhumaniser la société de l'absence

Collection *Monde en cours*
créée par Jean Viard

Ouvrage édité par Manon Viard,
dans le cadre d'une coédition
dirigée par Laurent Cohen et Jérémie Peltier

www.editionsdelaube.com

ISBN 978-2-8159-6663-4

Adélaïde Zulfikarpasic

Réhumaniser la société de l'absence

Comment recréer du lien et lutter contre la disparition de l'humain ?

éditions de l'aube
fondation jean-jaurès

De la même auteure,
chez le même éditeur

Les Français sur le fil de l'engagement (avec Anne Muxel), 2022

Facturée, divisée, fragmentée, polarisée, etc. Nombreux sont les adjectifs utilisés pour caractériser l'état de la société française et surtout pour mettre en exergue le supposé délitement du lien social et les antagonismes puissants qui opposeraient différentes communautés d'individus. Mais de quels maux ces adjectifs sont-ils les mots ? Reflètent-ils une réalité si manichéenne qu'on nous la décrit parfois, notamment dans certains médias ? Que disent-ils des aspirations profondes des Français ? La France est-elle réellement si divisée qu'on nous le dit ? Et les Français sont-ils désormais si peu reliés et si peu désireux de partager un destin commun ?

Né au départ de l'analyse de deux études sur les fractures et tensions qui traversent notre pays, cet ouvrage propose une réflexion sur notre société pour essayer de mieux comprendre sa réalité, en saisir toutes les nuances et mieux identifier les ressorts profonds du « malaise » perçu aujourd'hui pour identifier ou imaginer les meilleurs moyens de le surmonter. Le dernier « Baromètre de la confiance politique » publié par le Cevipof vient confirmer ce malaise. À la lecture de ses résultats, on comprend que les Français n'ont jamais été aussi las. La séquence politique qui vient de s'écouler est l'une des clés d'explication de ce constat préoccupant. Tout comme le sentiment de déclassement individuel et collectif ressenti par de nombreux Français, qui, rappelons-le, sont par ailleurs les champions du pessimisme. Les études internationales mesurant l'optimisme ou la confiance dans le monde entier classent en effet systématiquement les Français parmi les derniers, souvent derrière des pays où les conditions de vie sont pourtant objectivement bien moins bonnes.

Pour autant, ces pistes ne sont pas satisfaisantes et ne suffisent pas à expliquer à elles seules ce malaise. Existe-t-il une ou plusieurs autres explications plus structurelles ? En revenant d'abord sur ce sentiment diffus pour mieux le caractériser, puis en essayant de mieux en comprendre les raisons, l'enjeu de la réflexion que nous proposons ici est d'identifier des moyens de le combattre et de jeter les bases d'une « guérison ».

1
Des Français sombres et fatigués

Depuis dix ans très exactement, nous sommes entrés dans une nouvelle ère. L'ère des crises permanentes, qu'elles soient successives ou concomitantes. Ces crises se sont accélérées, tant dans leur fréquence que dans leur nombre depuis 2020. La crise sanitaire mondiale liée à la Covid-19 peut apparaître comme un marqueur essentiel de cette « permacrise ». Se sont ensuivies d'autres crises, souvent européennes ou mondiales, parfois nationales : guerre en Ukraine, crise énergétique, guerre au Proche-Orient, crise du pouvoir d'achat, crise politique en France depuis les dernières élections européennes de juin 2024, le tout sur fond d'urgence climatique. Mais en réalité, la première crise de cette nouvelle ère remonte en France à janvier 2015 avec l'attentat de *Charlie Hebdo* et le surgissement du terrorisme dans notre vie.

Dans ce contexte de « permacrise » dans lequel ils sont plongés depuis maintenant dix ans, les Français font assez logiquement état d'une vision très sombre de la société, comme nostalgiques d'un temps où l'atmosphère leur semblait plus légère et où l'insouciance et l'espoir dans l'avenir leur étaient encore autorisés. Ils dressent par ailleurs le portrait d'une société fragmentée.

Une société vue comme individualiste et fragmentée

Lorsqu'on leur demande de nous raconter, avec leurs mots, la société française telle qu'ils la perçoivent, les Français, dans leur grande majorité, se positionnent spontanément sur des registres très négatifs[1]. En pre-

---

1. Les données qui figurent ci-après sont issues d'une étude réalisée par BVA Xsight pour La Poste-BGPN « État des lieux de la société française et de ses fractures » du 19 août au 4 septembre 2024 auprès d'un échantillon de 3 380 Français se décomposant de la manière suivante : 3 000 interviews en France métropolitaine (250 individus par région) ; 50 interviews en Corse ; 200 interviews dans les DROM/COM : Martinique, Guadeloupe, La Réunion, Guyane, Mayotte, Polynésie française, Nouvelle-Calédonie ; ainsi qu'un focus auprès de 130 Français en situation d'illectronisme

mier lieu, c'est la notion d'individualisme qui est la plus présente (28 % des citations spontanées), qui va de pair avec un égoïsme ressenti et un manque criant de solidarité entre individus. Les Français font état d'un manque de bienveillance, confinant parfois au manque de respect. Parallèlement, la société est perçue par une part non négligeable de nos concitoyens comme inégalitaire et discriminante. Derrière ce repli individualiste se dessine – en creux, mais pas seulement puisque près d'un Français sur dix le formule ainsi spontanément – le portrait d'une France divisée, fracturée, porteuse en son sein de tensions. Cela n'a rien de surprenant, les Français reprennent à leur compte un concept qui s'est imposé dans le débat public et qui a été largement documenté, notamment dans l'ouvrage à succès de Jérôme Fourquet *L'archipel français*[1] ou encore par Christophe Guilluy, auteur de *La France périphérique*[2] ou encore de *Fractures Françaises*[3].

1. Jérôme Fourquet, *L'archipel français. Naissance d'une nation multiple et divisée*, Paris, Seuil, 2019.
2. Christophe Guilluy, *La France périphérique*, Paris, Flammarion, 2014.
3. Christophe Guilluy, *Fractures françaises*, Paris, Flammarion, 2010.

Derrière ces qualificatifs et ces perceptions spontanées, on mesure le sentiment d'un état de fait réel, d'une France aux multiples fractures qui coexistent, mais, plus encore, qui s'interpénètrent et se nourrissent les unes les autres.

De toutes, la fracture sociale apparaît comme la plus saillante, dans un contexte de crise du pouvoir d'achat qui dure depuis quelques années maintenant[1]. Il est frappant de constater que dans la question ouverte susmentionnée sur les qualificatifs utilisés par les Français pour décrire la société française, le deuxième thème cité spontanément tourne autour de ce sujet (alors même que la question, dont la formulation exacte est « Si vous deviez décrire la société française aujourd'hui, que diriez-vous ? », n'invite pas intuitivement à cette réponse) : 16 % des Français évoquent spontanément l'inflation, la vie chère et la dégradation de la situation économique. La société est de plus en plus fracturée et

1. Sur le sujet, lire la note de Christelle Craplet et Adélaïde Zulfikarpasic, « Entre difficultés à boucler les fins de mois et peur d'un "grand déclassement" : comment le pouvoir d'achat s'est imposé comme la préoccupation n° 1 des Français », Fondation Jean-Jaurès, 25 juin 2024.

même polarisée, avec, aux deux extrémités du spectre social, deux groupes d'individus séparés par un gouffre : d'un côté, un Français sur quatre qui n'a jamais de problème à boucler ses fins de mois (26 % des Français) tandis que, de l'autre côté, un sur cinq (18 %) est systématiquement en difficulté, notamment dans les départements et régions d'outre-mer (DROM ; 44 %). Une part significative de Français a du mal à faire face à ses dépenses essentielles, qu'il s'agisse du logement (34 %), de la santé (35 %), de la mobilité (42 %) ou encore de l'alimentation (43 %). Ces difficultés financières entraînent des arbitrages qui se font souvent au détriment des loisirs et conduisent à des renoncements fréquents, pour les loisirs, mais aussi pour l'entretien du logement. À cela s'ajoutent des difficultés géographiques qui ont un impact sur la santé et même sur la sociabilité, sur le fait de voir ses proches. Ainsi, un Français sur trois (33 %) déclare avoir déjà renoncé à se faire soigner au cours des douze derniers mois, principalement pour des raisons financières (14 %), mais aussi pour des raisons d'éloignement géographique (10 %). Ce facteur est encore plus marqué lorsqu'il s'agit du lien social : deux Français sur dix ont déjà renoncé à voir leurs proches au cours des douze derniers mois pour des raisons d'éloignement géographique et 13 % pour des raisons financières. On voit ici se dessiner un lien ténu entre la fracture territoriale et ses résonances en termes de soin et de lien social.

Interrogés sur les changements qui les ont le plus marqués au sein de la société française au cours des vingt dernières années, près d'un Français sur deux (49 %) cite d'ailleurs en premier lieu la désertification de certains territoires (fermeture de commerces, de services publics, de cabinets médicaux…). La désertification des territoires est logiquement davantage soulignée en zone rurale et dans les petites agglomérations, mais aussi dans certaines régions plus que d'autres (Centre, Bretagne, Pays de la Loire, Occitanie). Dans ce contexte, si, globalement, les services de première nécessité sont jugés plutôt accessibles, l'accès aux soins spécialisés pose davantage problème. Près de quatre Français sur dix estiment que là où ils vivent, ils n'ont pas accès à moins de 5 km ou à moins de 20 minutes à un hôpital (36 %) ni à des médecins spécialistes (36 %).

Fractures sociales et territoriales apparaissent donc étroitement corrélées et viennent nourrir ce sentiment d'une France de plus en plus inégalitaire et fragmentée. Ce sentiment se double d'une forte nostalgie d'un passé – idéalisé, réel ou fantasmé – et d'un sentiment de déclassement, tant collectif qu'individuel.

Entre nostalgie et déclassement, une vision sombre de la France

Plus des deux tiers des Français estiment[1] que la vie en France est plutôt moins bien aujourd'hui qu'il y a vingt ans (68 %) contre 11 % seulement qui estiment qu'elle est plutôt mieux et 19 % qu'elle n'est ni mieux ni moins bien. Les plus critiques sont les 35-49 ans : près des trois quarts d'entre eux (74 %) ressentent une impression de déclin du pays par rapport à la situation d'il y a vingt ans. D'un point de vue social, ce déclinisme est beaucoup plus marqué chez les personnes appartenant aux catégories socioprofessionnelles dites « inférieures » (CSP-) et notamment les ouvriers (77 %). Élément encourageant,

1. Les données ci-après sont issues d'une autre étude réalisée pour le groupe La Poste, en parallèle et à la même période : « Quels communs dans une société française en tensions ? », étude réalisée du 19 août au 6 septembre 2024 auprès d'un échantillon de 3 000 Français de 18 ans et plus.

les plus jeunes (individus dans la tranche d'âge 18-24 ans) sont moins critiques que leurs aînés. Ils sont un sur deux « seulement » (51 %) à penser que la vie en France est plutôt moins bien qu'il y a vingt ans, même s'ils n'étaient pas encore nés et donc pas en capacité de se prononcer sur la base de leur vécu.

Ce sentiment que « c'était mieux avant » se double d'un autre, assez proche, que « c'est mieux ailleurs ». Sur toute une série de sujets, les Français ont, en effet, le sentiment que, par rapport aux autres pays européens, la situation en France est globalement moins bonne. C'est le cas notamment en ce qui concerne la qualité du système éducatif: plus de six Français sur dix pensent que la situation en France est moins bonne sur ce sujet qu'ailleurs en Europe (61 %). En outre, près d'un Français sur deux juge que la situation des services publics en France est moins bonne que celle des autres pays européens (47 %), tout comme la qualité du système de soin (46 %). On retrouve le même diagnostic s'agissant du marché du travail: 46 % des Français pensent que la situation en France est moins bonne qu'ailleurs en Europe, contre 11 % seulement qu'elle y est meilleure.

Le diagnostic se fait un peu moins critique lorsqu'on s'intéresse aux transports, même si le solde (soit la différence entre les personnes qui pensent que la situation est meilleure en France et celles qui estiment qu'elle est moins bonne) reste négatif : 29 % des Français jugent la situation française moins bonne, contre 26 % qui l'estiment meilleure. Il en va de même en matière d'information (26 % contre 22 %). Il n'y a que deux domaines pour lesquels les Français pensent majoritairement – même si cette majorité est relative – que la situation de notre pays n'a rien à envier à celle des autres en Europe, à savoir les loisirs et le numérique. S'agissant de ces domaines, ce sont respectivement 27 % et 32 % des Français qui jugent la situation française meilleure contre 20 % et 15 % qui la jugent moins bonne. Au final, sur l'ensemble des dimensions testées, ce sont plus d'un Français sur trois (36 %) qui ne considèrent jamais, quel que soit le sujet évoqué, que la situation est meilleure en France qu'ailleurs en Europe. Ce sens critique est en partie corrélé à l'âge : ce score monte à 41 % chez les personnes dans la tranche d'âge 50-64 ans et 41 % également chez les 65 ans, contre 20 % seulement chez les 18-24 ans et 28 % chez les 25-34 ans. Les plus jeunes se font globalement moins critiques, y compris sur la question des services publics. L'optimisme insouciant de la jeunesse ?

Ainsi, entre le sentiment que « c'était mieux avant » et la sensation que « c'est mieux ailleurs », les Français ont une vision bien sombre de la société française. En embellissant le passé, ils se montrent nostalgiques. Et en idéalisant les situations de nos voisins européens, ils superposent à ce sentiment de déclin la sensation d'un déclassement par rapport aux autres nations. Ce tableau relève bien sûr des perceptions et ne reflète pas nécessairement une réalité mesurable, mais il est révélateur d'un état d'esprit et d'une trajectoire collective dans laquelle les Français se perçoivent comme résidant d'un pays dont la situation se dégrade, et se dégrade plus vite que dans les pays voisins.

Une morosité qui se décline au niveau individuel

On observe traditionnellement dans les enquêtes d'opinion un hiatus entre les perceptions relatives à la situation collective, souvent jugée moins bonne, et celles relatives à sa situation personnelle, souvent jugée meilleure. Dans notre enquête, si ce hiatus se retrouve à nouveau, les Français se montrent néanmoins assez sombres à l'échelle individuelle également. Ou disons plutôt qu'on observe une forte polarisation entre la France de ceux qui vivent bien et la France de ceux qui vivent moins bien.

Ainsi, près d'un Français sur deux (45 %) estime que ses choix de vie sont dictés par des contraintes tandis qu'une proportion équivalente (49 %) déclare faire ses choix de vie plutôt librement. Dans un contexte de crise du pouvoir d'achat persistante, déjà évoquée précédemment, cette étude confirme la réalité d'un quotidien subi pour près de la moitié des Français, qui se sentent prisonniers de leur vie et empêchés dans leur quotidien, et met en lumière, s'il le fallait, l'incapacité d'une partie importante de la population à se sentir en maîtrise sur son destin et son avenir. Si les Français se montrent globalement très partagés sur cette question, quels que soient leur genre, leur âge et même leur catégorie socioprofessionnelle, on observe toutefois quelques nuances. Ainsi, en termes de catégories socioprofessionnelles, 58 % des cadres déclarent pouvoir faire leurs choix de vie plutôt librement quand 55 % des ouvriers subissent plutôt des contraintes. Mais on voit bien que cette réalité ne recouvre pas uniquement la dimension matérielle, sinon les différences entre catégories, notamment sociales, seraient plus marquées.

Interrogés sur les mots qui décrivent le mieux l'état d'esprit de leurs concitoyens[1], les Français projettent avant tout de la colère, citée par 64 % des personnes interrogées, dont 29 % en premier. Ce sentiment domine la frustration (53 %) et la peur (49 %), loin devant tout autre et surtout loin devant tout sentiment positif. La fierté n'arrive qu'en septième position, citée par 6 % seulement des répondants, devant la confiance (4 %), la satisfaction (3 %) ou l'épanouissement (3 % également). Au final, 92 % des Français utilisent au moins un mot négatif pour faire part de l'état d'esprit des Français tel qu'ils se le représentent. Seulement 12 % font part *a minima* d'un sentiment positif.

Mais derrière cette colère et cette frustration projetée, en réalité, les Français

1. La question exacte était tout simplement : « Quels sont les mots qui décrivent le mieux l'état d'esprit des Français ? », question fermée avec douze items de réponse au choix, six mots positifs et six mots négatifs, dans une volonté d'équilibre.

ressentent personnellement avant tout de la fatigue, dans un contexte d'accélération générale des cadences et des rythmes de vie, de dislocation des liens sociaux et de repli sur la cellule familiale. Interrogés sur leur propre état d'esprit, 80 % des Français utilisent au moins un mot négatif (c'est 12 points de moins que pour le regard qu'ils portent sur les Français « en général ») et 42 % font part a minima d'un sentiment positif (30 points de plus). Ils ont donc une perception meilleure de leur situation individuelle que de la situation des Français en général, ce qu'on observe assez classiquement. Mais surtout, et c'est là le fait le plus marquant, c'est la fatigue qui arrive en tête, citée par 48 % des Français pour décrire leur état d'esprit (dont 23 % qui citent ce sentiment en premier). Elle n'arrive qu'en cinquième position, projetée par 32 % des Français, quand on les interroge sur l'état d'esprit supposé de leurs concitoyens.

Cette fatigue intervient dans un contexte où les Français ont le sentiment d'assister à une forme de déshumanisation de la société. Nous pouvons d'ailleurs émettre l'hypothèse qu'une partie de la nostalgie décrite plus haut peut être reliée à ce sentiment de délitement des interactions sociales au cours des vingt dernières années. Les Français sont, en effet, 58 % à penser que les liens entre usagers et agents ont tendance à s'affaiblir depuis vingt ans contre 8 % seulement qui pensent qu'ils ont tendance à se renforcer. 55 % d'entre eux jugent que les liens entre voisins se distendent contre 13 % seulement qui pensent qu'ils se renforcent. Il en va de même pour les liens entre générations (54 % pensent qu'ils s'affaiblissent, 13 % seulement qu'ils se renforcent) ou encore entre commerçants et clients (49 % contre 14 %). Dans une moindre mesure, mais avec un solde (soit la différence entre les personnes qui pensent que les liens s'affaiblissent et celles qui pensent qu'ils se renforcent) néanmoins négatif, les liens sont vus comme se distendant, y compris entre personnes d'une même famille (42 % contre 22 %), entre collègues (40 % contre 14 %) et enfin entre hommes et femmes (38 % contre 20 %), même s'il est à noter que cet item arrive en dernier. La perception d'un affaiblissement des liens entre usagers et agents progresse de façon quasi linéaire en fonction de l'âge des personnes interrogées : 47 % chez les 18-24 ans, 50 % chez les 25-34 ans, 63 % chez les 35-49 ans et 62 % chez les 50-64 ans (et 57 % chez les 65 ans et plus). On n'observe en revanche aucun clivage lié à l'âge concernant la perception d'une dislocation des liens entre générations.

Malgré ce large ressenti de dislocation du lien social, y compris familial, 54 % des Français estiment, en effet, que l'on peut dire qu'on a réussi sa vie quand « on a une vie de famille épanouie ». La famille, « valeur en hausse » depuis le Covid-19, apparaît ainsi comme un lieu projeté d'épanouissement. C'est particulièrement vrai pour les femmes (56 % contre 51 % des hommes) et cet attachement à la famille progresse par ailleurs de façon notable et linéaire avec l'âge : 42 % chez les 18-24 ans, 47 % chez les 25-34 ans, 55 % chez les 35-49 ans, 57 % chez les 50-64 ans et 58 % chez les 65 ans et plus. Cet élément arrive loin devant tout autre « signe de réussite », et notamment « le fait de bien gagner sa vie » ou « d'avoir un métier épanouissant » qui arrivent pourtant en deuxième position ex-aequo (35 %, soit près de 20 points de moins, à égalité avec un autre marqueur de l'importance du lien social, à savoir le fait « d'avoir des amis »). La famille apparaît ainsi comme une valeur refuge, notamment depuis la crise sanitaire de 2020. Interrogés sur les personnes sur qui ils peuvent compter lorsqu'ils font face à une difficulté (problème d'agent, de santé, difficultés relationnelles…) dans leur quotidien, les Français citent là aussi « la famille » (69 %), loin devant tout autre soutien.

Les Français dressent ainsi le portrait d'une société fragmentée, individualiste et repliée sur la cellule familiale, où l'on ne peut guère compter sur des relais de solidarité.

Cet état d'esprit ne leur permet pas d'envisager l'avenir sereinement. Interrogés sur la façon dont ils perçoivent une quinzaine de notions, dont le mot « avenir », un Français sur deux déclare qu'il est connoté négativement. Au sein d'une liste de seize mots soumis à notre échantillon, à qui l'on demandait si chacun de ces mots évoquait pour eux quelque chose de plutôt positif ou plutôt négatif, le terme « avenir » se positionne, en effet, plutôt en queue de classement, avec 49 % d'évocations négatives, juste après les termes « mondialisation » (58 % d'évocations négatives), « médias » (53 %) et « consommation » (50 %). Cette difficile projection dans l'avenir est très corrélée à différents critères de nature socio-démographiques : ainsi, elle apparaît plus marquée chez les habitants des communes de 2000 à 20000 habitants (55 %

de perceptions négatives) et s'accentue également avec l'âge, passant de 34 % chez les moins de 35 ans à 57 % chez les 50 ans et plus. Mais elle traverse l'ensemble de la société.

2
Une fatigue générée par notre modèle de société actuel qui met les Français en tension(s) permanente(s)

Des Français nuancés dans le regard qu'ils portent sur d'autres domaines

Derrière le déclinisme majoritaire, les Français reconnaissent tout de même que tout ne va pas dans le mauvais sens et font ainsi état de progrès réalisés dans de nombreux domaines. Assez naturellement, plus de trois quarts d'entre eux louent les avancées techniques de ces vingt dernières années (76 %). Ils sont également une majorité à percevoir une mobilité facilitée : 62 % des Français considèrent, en effet, que les possibilités de se déplacer se sont multipliées, tandis que 56 % estiment que les possibilités de voyager ont également progressé. Dans une société déjà qualifiée depuis de nombreuses années de « société de consommation », près de six Français sur dix estiment que le champ des possibles s'est encore ouvert davantage, avec des potentialités grandissantes d'acheter des produits et services, n'importe quand, n'importe où (58 %). Dans un prolongement de cette dernière perception, les Français sont également nombreux à estimer que l'accès aux loisirs (50 %) et l'accès au savoir via les formations (50 %) se sont améliorés lors de ces deux décennies passées. Enfin, plus d'un Français sur deux estiment que les possibilités de communiquer et d'échanger se sont accrues (53 %).

Paradoxalement, le sentiment d'un déclin de la France cohabite donc avec la perception de progrès notables dans un nombre important de domaines, touchant notamment au quotidien de la société des loisirs et du « hors travail ».

De la même façon, alors que les Français se déclarent avant tout « fatigués » et imaginent que leurs pairs sont « en colère », lorsqu'ils font un bilan ou opèrent une projection de leur situation sur le plan personnel et de leur trajectoire de vie, la majorité d'entre eux, et notamment ceux en capacité de le faire au regard de leur âge déjà avancé, jugent que leur vie est une réussite (63 % des plus de 50 ans, 72 % des plus de

75 ans). Pour les plus jeunes, disposant de moins de recul, l'optimisme est à nouveau de mise : 41 % des moins de 35 ans estiment avoir, à l'heure actuelle, déjà réussi leur vie et 47 % d'entre eux considèrent par ailleurs qu'ils n'ont « pas encore » atteint cet objectif, l'expression « pas encore » étant porteuse d'une promesse à venir.

Derrière le tableau sombre en apparence que dressent les premiers éléments empruntés aux deux études utilisées pour étayer notre propos transparaissent finalement des indicateurs beaucoup plus encourageants, tant au niveau collectif qu'individuel. Progrès notables à l'échelle du pays, sentiment d'avoir réussi sa vie à l'échelle personnelle. Dès lors, comment expliquer cette « grosse fatigue » et cet état d'esprit morose de prime abord ?

Une fatigue générée par une mise en tension permanente

Au-delà du contexte de « permacrise » mentionné plus haut qui a un impact évident sur l'état d'esprit des Français, cette fatigue et cette morosité peuvent aussi s'expliquer par la fin d'un cycle épuisant pour les corps et les esprits, qui transparaît à travers les nombreux paradoxes exprimés par les Français. Questionnés sur toute une série de sujets, allant de leur rapport à la santé jusqu'à l'environnement, en passant par la mobilité, les Français, par leurs réponses, expriment, en effet, de nombreuses contradictions. Des aspirations et attitudes presque opposées semblent co-exister en eux, de façon sans doute parfois inconsciente d'ailleurs. Différentes études et travaux récents, dont l'enquête réalisée pour le groupe La Poste[1] à l'origine de cette réflexion et de cet ouvrage rendent compte de ces tiraillements permanents entre des pôles contraires.

Les Français veulent avoir accès à tout, avoir du choix, de façon rapide, immédiate, au plus proche, à moindre coût, sans contraintes et pour autant avec une exigence de résultat. Et en même temps, ils déplorent ne plus disposer de temps et demandent plus de personnalisation et de proximité. La première illustration de ce paradoxe est un sujet qui touche tout le monde, celui de la santé. Les Français dans leur quasi-entièreté déplorent qu'aujourd'hui les patients ne soient plus soignés

1. Étude « Quels communs dans une société française en tensions ? », réalisée pour le groupe La Poste du 19 août au 6 septembre 2024 auprès d'un échantillon de 3000 Français de 18 ans et plus.

de la meilleure des façons en raison d'un manque de temps chez le personnel soignant. 80 % d'entre eux estiment, en effet, qu'on ne prend plus le temps de bien soigner les gens et que c'est souvent l'usine quand on va voir le médecin ou à l'hôpital. Mais ils sont presque autant (76 %) à déclarer ne pas vouloir attendre lorsqu'ils ont rendez-vous chez le médecin ou qu'ils se rendent à l'hôpital. Prendre le temps, mais ne pas avoir à attendre ! Le paradoxe est criant. On retrouve ici aussi une tension bien connue et mise en exergue, notamment dans « Françaises, Français, etc.[1] » réalisé par BVA Xsight pour la régie de la presse quotidienne régionale, *366*, entre ce qui relève de l'individu et du collectif[2]. Autre exemple similaire, dans un registre différent, 84 % des Français aimeraient,

1. Étude disponible sur demande à *366* : <ffetc@366.fr>.
2. Cette question de la pleine disposition du temps est du reste une préoccupation très ancienne. Sénèque en fait le sujet unique de sa première lettre à Lucilius, écrite au Ie siècle de notre ère : « Tandis qu'on l'ajourne, la vie passe. Cher Lucilius, tout le reste est d'emprunt, le temps seul est notre bien. C'est la seule chose, fugitive et glissante, dont la nature nous livre la propriété ; et nous en dépossède qui veut. »

lorsqu'ils contactent un service client, se voir proposer une réponse personnalisée, mais, dans le même temps, 88 % attendent qu'une solution leur soit apportée le plus rapidement possible en cas de problème suite à un achat. Là aussi, il faudrait donc concilier deux injonctions contradictoires : rapidité et personnalisation.

Ces exemples paradoxaux peuvent se multiplier à l'envi, dans tous les domaines de la vie des Français. Prenons la mobilité : 86 % des Français se déclarent favorables au maintien des petites lignes de train, mais, dans le même temps, les deux tiers d'entre eux reconnaissent qu'ils préfèrent prendre leur voiture plutôt que les transports en commun (65 %). On met là le doigt sur les paradoxes (encore plus) nombreux qui habitent les Français – et les individus en général, ce n'est pas propre à la France – quand on parle environnement et lutte contre le réchauffement climatique. La conscience du sujet est désormais réelle. Tout le monde est convaincu qu'il faut agir, mais cette volonté d'action est freinée dès lors qu'elle est susceptible de toucher au confort de chacun. C'est ainsi que 77 % des Français déclarent tout faire pour limiter leur impact sur l'environnement, mais que, dans le même temps, près de quatre Français sur dix admettent chauffer leur logement à plus de 19 °C (37 %). Dans le même ordre d'idées, révélatrice des tensions qui parcourent l'individu, on observe une volonté de proximité et de « fait local » qui cohabite avec une pression sur le prix. Près des deux tiers des Français déclarent ainsi préférer faire leurs courses dans un commerce de proximité (62 %) et la majorité se dit prête à payer plus cher pour des produits locaux (55 %). Mais dans le même temps, près des deux tiers des Français (64 %) déclarent que le prix est leur principal critère de choix quand ils achètent un produit ou un service et près de quatre sur dix commandent régulièrement des produits sur Internet livrés le lendemain (37 %). Amazon et ses concurrents sont pourtant aux antipodes du « fait local ». Prenons enfin, pour finir d'illustrer par quelques exemples parlants les tensions et paradoxes qui traversent les individus, les services publics auxquels les Français restent très attachés (à tel point que près des trois quarts d'entre eux indiquent que l'état des services publics occupe une place importante dans leur choix de vote[1]).

1. Sondage « Les inégalités d'accès aux services publics en France et l'impact sur le vote » réalisé par OpinionWay pour le think

Aujourd'hui, à peine quatre Français sur dix (39 %) jugent qu'ils sont efficaces[1] alors qu'ils étaient 65 % en 2001, soit une dégradation de 26 points en l'espace de vingt ans[2]. Mais dans le même temps, à peine un quart d'entre eux (23 %) se disent prêts à ce qu'on augmente leurs impôts pour améliorer la qualité des services publics. Des attentes fortes, mais sans contrepartie financière.

Les Français oscillent ainsi en permanence entre des pôles contraires. Ils doivent arbitrer entre l'idéal et le réel, entre volonté de prendre son temps et impatience, entre désir de collectif et souhait de sur-mesure, entre qualité et rapidité. Ils avancent sur une ligne de crête, en tension permanente sur tous les sujets, avec en creux l'idée que ce modèle d'efficacité dans lequel tout est

---

tank le Sens du service public, en partenariat avec la Fondation Jean-Jaurès, février 2025.

1. Chiffre issu de l'étude réalisée par BVA Xsight pour La Poste/BGPN « État des lieux de la société française et de ses fractures » du 19 août au 4 septembre 2024 auprès d'un échantillon de 3 380 Français.

2. Enquête BVA pour l'Institut de la gestion déléguée réalisée du 29 novembre au 1er décembre 2001 auprès d'un échantillon de 992 personnes, représentatif de la population française âgée de 15 ans et plus.

accessible, immédiatement et depuis son salon – rendu non seulement possible, mais surtout dominant depuis une vingtaine d'années grâce au numérique – a fortement réduit, en nombre comme en qualité, les interactions humaines véritables. On observe un tiraillement entre deux modèles de société, d'un côté ce que l'on pourrait qualifier de « société orientée client » (rapidité, accessibilité, facilité) et de l'autre côté une « société du liant », prônant humanité, proximité, ralentissement. Société orientée client *versus* société du liant. Au-delà de la rime et du jeu de mots, ce tiraillement a des conséquences tangibles, palpables, et néfastes. Il cause de nombreuses tensions et génère cette fatigue, cette lassitude observées chez une majorité de Français. Ce sont là les symptômes de la fin d'un modèle et de la demande de quelque chose de neuf. Nous sommes aujourd'hui dans une période charnière entre deux modèles où l'adaptation au changement et la mise en tension permanente créent de la fatigue.

La fin d'un modèle : de la « société orientée client » au désir d'une « société du liant »

Car ce que montrent en creux ces différentes données chiffrées et les nombreux paradoxes qu'elles mettent en lumière, c'est que l'on arrive à la fin d'un cycle, celui du numérique généralisé, de l'accélération induite par ces outils numériques, de la culture de l'immédiateté et de la distanciation relationnelle. Bien sûr, ce modèle présente de nombreux avantages et engendre des bénéfices « clients » liés en particulier à une facilité d'accès grâce au numérique : « tout, tout de suite, ici et maintenant » et idéalement au moindre coût. Mais ce modèle est aussi en grande partie responsable de cette dislocation du lien perçue par les Français. En faisant passer les impératifs d'efficacité, de rapidité, de simplicité devant tout autre, il a conduit à oublier ou négliger d'autres dimensions de la vie en société, et notamment la relation humaine. L'impression s'installe aujourd'hui d'une certaine lassitude et d'une usure de ce modèle ou tout du moins d'un moment charnière où l'on aspirerait à en garder le meilleur tout en retrouvant des dimensions plus humaines, authentiques, sensibles. D'un côté, les Français aimeraient pouvoir continuer à avoir le choix, à avoir accès à tout de façon immédiate, à moindre coût, sans contrainte et sans effort, avec une exigence de résultats très forte pour ne pas dire de retour sur investissement (le fameux ROI, même si ce n'est pas totalement vrai du reste, car, précisément, dans ce modèle, il n'y a plus d'investissement pensé ; c'est un modèle d'abord et avant tout consumériste). De l'autre, ils aspirent à avoir du temps, à retrouver davantage de qualité (dans les offres de services, les produits, etc.), plus de proximité, à restaurer le lien social et à remettre de l'humain au cœur de leur existence.

En d'autres termes, on oscille entre une « société orientée client » et le désir d'une « société du liant » qui réhabiliterait notamment les relations humaines et le lien social. On est aujourd'hui à la fin d'un cycle. Il convient d'imaginer la suite. Mais pour cela, allons un cran plus loin dans la compréhension du cycle actuel et ce qu'il a engendré.

3
Le constat d'une société de l'absence

Le modèle actuel, qui a vu s'imposer progressivement le numérique dans tous les compartiments de notre existence, s'il présente de nombreux atouts (accessibilité, immédiateté, compétitivité), génère un puissant sentiment de manque : manque d'humain, manque de temps, manque de solidarité, manque de confiance. Ces manques, qui s'imbriquent les uns les autres et se renforcent, s'observent dans de nombreux domaines et nous conduisent à dresser le constat d'une société de l'absence.

Un modèle de société marqué par l'absence d'humain(s) avant tout

L'étude réalisée pour le groupe La Poste sur les tensions montre en creux l'idée que ce modèle d'efficacité – notamment via le numérique – a réduit fortement la place des interactions humaines. D'ailleurs, les

Français en font le constat sans ambages : 78 % d'entre eux pensent ainsi que les contacts humains se sont amenuisés ces dernières années. C'est l'un des résultats les plus marquants de cette étude et qui vient corroborer le sentiment de dislocation du lien social évoqué précédemment (les liens entre groupes sociaux, quelle que soit leur nature, ou presque, tendent à s'affaiblir depuis vingt ans). Ce constat d'un affaiblissement des contacts humains progresse avec l'âge (81 % chez les 65 ans et plus), mais, pour autant, même les plus jeunes le déplorent dans leur grande majorité (68 % des 18-24 ans).

Les réseaux sociaux n'apparaissent pas comme un espace envisageable pour (re)créer du lien. Plus d'un tiers des Français considèrent qu'ils ne sont pas du tout capables d'endosser ce rôle (34 % leur attribuant une note de 0 à 4 sur 10 sur ce sujet), contre seulement 19 % estimant qu'ils en ont véritablement les aptitudes (notes de 8 à 10). Ainsi, à l'heure de tirer le bilan de plus de dix ans de vie avec les réseaux sociaux, les Français font ici une analyse extrêmement sévère – mais étonnamment lucide – des effets de ces outils sur leur quotidien et sur leurs sociabilités, comme en atteste d'ailleurs l'augmentation du sentiment de solitude et d'isolement chez une partie de plus en plus importante de la population.

Depuis 2010, la Fondation de France publie annuellement son rapport sur les solitudes en France[1]. La dernière édition réalisée par le Centre de recherche pour l'étude et l'observation des conditions de vie (Crédoc) et publiée en février 2024 présente, comme chaque année, les chiffres clés relatifs à l'isolement et au sentiment de solitude en France. Le rapport rappelle, en introduction, la différence entre ces deux notions différentes, mais qui se conjuguent bien souvent :

> L'isolement se réfère à un état où une personne est physiquement ou socialement coupée des autres [...]. La solitude est quant à elle un état émotionnel qui survient lorsqu'une personne se sent seule. Elle renvoie à un vécu subjectif et se définit indépendamment de l'isolement. Une personne objectivement isolée peut se sentir seule, tout comme une personne entourée. C'est une condition qui s'exprime lorsque la nature des liens n'est plus satisfaisante ou ne correspond plus à ce qu'un individu

1. « Le temps des solitudes. Les fragilités relationnelles à l'épreuve des temporalités », Fondation de France, janvier 2025.

> en attend. Elle renvoie aux difficultés liées à la place occupée dans l'espace social et aux relations entretenues avec les autres[1].

On peut y lire que, sur la période 2022-2023, le taux de personnes isolées reste stable, passant de 11 % en 2022 à 12 % en 2023, mais il est toutefois en progression depuis 2010 (+ 3 points). On y lit également que le sentiment de solitude qui en découle est, lui, beaucoup plus répandu. Une personne sur cinq (21 %) indique se sentir régulièrement seule. Et parmi les personnes qui se sentent régulièrement seules, 32 % indiquent qu'elles souffrent beaucoup de cette situation. Si l'on tient compte des personnes qui souffrent « un peu » de cette situation, ce sont plus de huit personnes esseulées sur dix (83 %) qui déclarent souffrir de cette situation (+ 2 points en un an et + 4 points depuis janvier 2020).

Dans le même registre, interrogés sur ce qui manque aujourd'hui dans notre pays, les Français évoquent très majoritairement et très loin devant toute autre réponse un manque de solidarité entre les personnes (55 %). Arrivent loin derrière « le sens de l'effort et du sacrifice », perçu comme un manque par trois Français sur dix seulement

1. *Ibid.*

(31 %), l'optimisme (28 %) ou encore une « conscience écologique » (22 %). Citons encore pour terminer ces quelques chiffres issus du « Baromètre du lien social: qu'est-ce qui unit les Français en 2025 ? » réalisé par Ipsos-CESI et le groupe Ebra[1] qui vont dans le même sens: plus des deux tiers des Français estiment que le lien social, le lien entre les gens, est aujourd'hui « mauvais » en France (71 %) et, surtout, plus de huit sur dix (85 %) estiment qu'il s'est détérioré ces dernières années.

L'absence d'humain, de lien social, apparaît donc de façon criante comme inhérente à notre modèle de société.

Face à ce constat, en tirant et en forçant le trait, il est tentant de faire le lien avec l'évolution la plus récente observée en France de la natalité, en baisse constante depuis maintenant un peu plus de dix ans. Ce recul de la natalité a même eu tendance à s'accélérer au cours des deux dernières années. Entre 2022 et 2024, le nombre de

1. « Baromètre du lien social: qu'est-ce qui unit les Français en 2025 ? » réalisé par par Ipsos-CESI, École d'ingénieurs et le groupe Ebra. Enquête réalisée par Internet auprès de 1 500 personnes, constituant un échantillon national représentatif de la population française âgée de 18 ans et plus du 11 au 17 mars 2025.

naissances a ainsi baissé de près de 10 % (sur la période de janvier à juin) et, par rapport à l'année 2010, le déclin est de plus de 20 %. Le dernier bilan démographique publié par l'Insee à l'heure où nous écrivons ces lignes confirme cette tendance pour 2024. Selon le rapport :

> L'année dernière, 663 000 bébés sont nés en France. C'est 2,2 % de moins qu'en 2023 et 21,5 % de moins qu'en 2010, année du dernier pic des naissances. L'indicateur conjoncturel de fécondité s'établit à 1,62 enfant par femme, après 1,66 en 2023. Depuis la fin de la Première Guerre mondiale, cet indicateur n'a jamais été aussi bas[1].

La baisse de la natalité est évidemment un phénomène très complexe et multifactoriel et un premier épisode de cette nature, beaucoup plus brutal, a, par exemple, été observé au moment de la transition démographique de la fin du XIXe siècle en Europe, bien avant l'essor du numérique. Et ce deuxième épisode est largement à l'œuvre dans les autres pays européens depuis plus longtemps qu'en France, qui faisait figure d'exception jusqu'à il y a peu.

1. Indicateurs issus de Insee Première n° 2033 paru le 14 janvier 2025.

Si le lien entre numérisation de la société et baisse de la natalité ne peut donc clairement pas être établi de manière si étroite, il est toutefois possible d'envisager que le climat général de morosité, de fatigue déjà décrit, contribue à réduire le dynamisme démographique dont faisait encore preuve la France jusque dans les années 2000, et qui s'essouffle depuis maintenant quelques années. Et cette baisse de la natalité illustre aussi et incarne, d'une certaine façon, ce mal dont souffre notre société actuelle : le recul des interactions humaines, forme de déshumanisation des relations sociales, contribue sans doute à réduire le désir d'enfant (on fabrique donc de moins en moins d'humains).

L'avènement probable de l'ère de l'intelligence artificielle (IA) qui, certes, n'a pas vocation à remplacer l'humain, puisqu'elle cherche au contraire à l'imiter et, *in fine*, à l'augmenter, risque d'accroître encore cette évolution. La crainte d'une nouvelle vague de « déshumanisation » massive de la société est bien réelle, en plus des nombreux problèmes éthiques que pose l'essor des usages possibles de l'IA, et ce même si, en réalité, de par ses apports, l'IA peut au contraire conduire à « réhumaniser » en confiant à des ordinateurs des tâches déshumanisantes et en permettant ainsi aux humains de revenir à des tâches plus valorisantes, dans le monde du travail, par exemple, mais là n'est pas notre sujet.

Cette déshumanisation de notre société a deux visages qui engendrent des conséquences de deux ordres. Elle s'observe et se caractérise d'abord par une absence d'humains croissante (ou une présence d'humains décroissante, ce qui revient au même) dans de nombreux lieux, secteurs, activités, de façon concrète et tangible. On entend ici humains au sens d'individus. Les conséquences de ce premier niveau sont pour l'essentiel « matérielles », mais pas seulement. Elle se voit ensuite dans l'évolution des rapports sociaux, des liens entre individus, qu'elle induit, et dans l'affaissement de l'humain (au sens cette fois d'humanité) dans de nombreux champs. Perte de confiance dans autrui, sentiment d'insécurité, manque de cohésion et de solidarité, etc. Ce deuxième niveau qui relève davantage de l'immatériel est plus difficile à décrire, caractériser et qualifier. Mais il est fondamental pour comprendre ce qui se joue aujourd'hui dans notre société, notamment dans le champ de la démocratie. Nous y reviendrons.

Une absence d'humain(s) croissante, aux conséquences matérielles manifestes

Dématérialisation et déshumanisation des services publics

Les deux études auxquelles il est principalement fait référence dans cet ouvrage mettent en lumière une perception de dégradation de la qualité des services publics; 39 % des Français seulement les jugent désormais efficaces, soit 26 points de moins qu'en 2001; 46 % estiment qu'ils sont adaptés aux usagers, contre 60 % en 2001, soit une baisse de 14 points sur cet indicateur[1]. Près d'un Français sur deux déclare par ailleurs que les termes « services publics » évoquent pour eux quelque chose de négatif (48 %), contre 27 % seulement qui y voient quelque chose de positif. Mais, dans ce contexte, si près de quatre Français sur dix pensent qu'il faudrait réduire le nombre de fonctionnaires (39 %), une proportion plus importante estime au contraire qu'il ne faut surtout pas aller dans cette

1. Étude réalisée par BVA Xsight pour La Poste/BGPN « État des lieux de la société française et de ses fractures » et rappels issus d'une enquête BVA pour l'Institut de la gestion déléguée déjà citées.

direction (45 %)[1]. Ce qui est bien le signe d'un besoin de maintenir des humains dans les services publics. D'ailleurs, selon l'étude réalisée pour le think tank Le sens du service public mentionnée précédemment[2], parmi les raisons évoquées pour justifier de l'insatisfaction ressentie suite à une mauvaise expérience vécue avec un service public, la troisième (sur douze) est le fait que les services étaient en sous-effectifs.

Mythe ou réalité ? S'il existe de nombreuses données, notamment publiées par l'Insee, sur l'évolution du nombre de fonctionnaires, au global et dans chacune des trois fonctions publiques (fonction publique d'État, fonction publique hospitalière et fonction publique territoriale), il n'est pas aisé de compiler ces données pour suivre leur évolution sur plusieurs années et au moins sur vingt ans. Finances publiques et Économie (FIPECO), association sans but lucratif relevant de la loi

1. Données issues de l'étude réalisée pour le groupe La Poste « Quels communs dans une société française en tension ? », du 19 août au 6 septembre 2024 auprès d'un échantillon de 3 000 Français de 18 ans et plus.
2. Sondage « Les inégalités d'accès aux services publics en France et l'impact sur le vote », 2025, doc. cit.

de 1901 créée par un ancien magistrat de la Cour des comptes pour livrer en toute indépendance des analyses portant sur la situation des finances publiques et sur l'économie, s'est prêtée à l'exercice. Dans une note sur l'évolution des effectifs dans la fonction publique de 1997 à 2022[1], les auteurs arrivent à la conclusion selon laquelle « de 1997 à 2022, les effectifs de la fonction publique ont augmenté de 23 %, soit de 0,8 % en moyenne annuelle, contre 18 % pour les personnes en emploi dans le secteur privé et 14 % pour la population en France. Après une rapide progression dans la décennie 1997-2007, une inflexion est notée dans les années 2007-2012 suivie d'une nouvelle hausse à partir de 2013 ». Les évolutions ne sont pas les mêmes selon les trois fonctions publiques :

> Les effectifs de la fonction publique d'État (2 543 000 personnes fin 2022) ont augmenté de 7 % de 1997 à 2022 (+ 173 000), ceux de la fonction publique territoriale (1 937 000 personnes fin 2022) de 46 % (+ 564 000) et ceux de la fonction publique hospitalière (1 214 000 personnes fin 2022) de 36 % (+ 319 000).

1. « Les effectifs de la fonction publique de 1997 à 2022 », FIPECO, 17 avril 2024.

Le nombre de fonctionnaires n'a donc pas diminué, et a même continument progressé en valeur absolue depuis 1997 (à l'exception d'une courte période, entre 2008 et 2012, et pour la seule fonction publique d'État). Ce ressenti d'une dégradation des services publics liée à des effectifs en baisse se fonde donc sur d'autres éléments : mouvement de dématérialisation, d'une part, fermeture de points de contact de proximité sur certains territoires, d'autre part, moindre disponibilité des agents publics pour répondre aux demandes des administrés, enfin.

On ne peut, en effet, occulter le mouvement de dématérialisation d'ampleur connu par les services publics depuis près de trente ans et son effet sur le rapport entre usagers et services publics. Les différents programmes de modernisation de l'État ont, en effet, intégré l'enjeu de la transformation numérique des administrations publiques dès les années 1990. À partir de 2008, le mouvement s'est accéléré et a conduit à la dématérialisation progressive des procédures administratives et à jeter les bases d'une e-administration. En 2012, une circulaire du Premier ministre[1] relative

1. Circulaire n° 5574/SG, du Premier ministre en date du 16 février 2012.

à l'« internet de l'État » introduit l'expression de « service public numérique ». Le plan « France numérique 2012 » est mis en place à partir de 2012[1]. Ce mouvement n'a eu de cesse de s'amplifier depuis lors. La dématérialisation des services publics offre de nouveaux moyens d'accès aux services publics et permet de simplifier l'accès aux informations et aux documents administratifs pour une majorité d'usagers. Les Français en conviennent, ils sont très majoritairement favorables à ce mouvement comme le montrent plusieurs études, dans une logique de simplification des démarches, de réactivité par rapport à leur demande. Mais cette dématérialisation massive comporte toutefois des risques et vient modifier en profondeur le rapport des usagers aux services publics et donc la perception qu'ils en ont. Comme le rappelle la défenseure des droits dans l'un de ses nombreux rapports sur le sujet, la dématérialisation doit être « une offre supplémentaire et non substitutive au guichet, au

1. Sur ce sujet, lire le mémoire de Thibault Cormier : « Le numérique et l'accès aux services publics », Sciences Po, 2022.

courrier papier ou au téléphone[1] ». Or, la dématérialisation des services publics s'accompagne souvent de la fermeture de guichets de proximité. Une des conséquences est le report systématique sur l'usager de tâches qui incombaient auparavant à l'administration.

Le baromètre Paul Delouvrier, de ce point de vue, nous apporte un éclairage édifiant sur la dématérialisation croissante et massive des démarches auprès des services publics. Un graphique issu de l'édition 2023[2] représentant les « moyens de contact des services publics » nous fournit des données saisissantes. En 2008, les usagers de services publics se mettaient en relation avec eux principalement par « contact physique », qu'il s'agisse de services liés à la santé publique, l'Éducation nationale, la fiscalité, la justice ou encore l'emploi. À deux exceptions près : la Sécurité sociale et le logement, pour lesquels le téléphone était privilégié. Quinze ans après, ce sont

1. Rapport du Défenseur des droits « Dématérialisation des services publics : trois ans après, où en est-on ? », 2022.

2. « Les services publics vus par les Français et les usagers », Institut Paul Delouvrier, décembre 2023.

l'ensemble des contacts qui ont basculé vers le digital.

Or, selon une étude de 2023[1], le Crédoc et des universitaires estiment que 31,5 % de la population est plus ou moins éloignée du numérique, soit 16 millions de personnes.

Dès 2018, le Défenseur des droits, saisi par des milliers d'usagers confrontés à des difficultés pour obtenir en ligne un permis de conduire ou une carte grise, s'était emparé de la question de l'illectronisme (qui concerne 15 % de la population au sens strict, tel que défini par l'Insee). Il recommandait aux pouvoirs publics de prévoir dans la loi « une clause de protection des usagers vulnérables ». En 2019 puis en 2022, dans des rapports consacrés à la dématérialisation des services publics, l'institution préconise le maintien d'accueils physiques dans les services publics et l'accompagnement des usagers en difficulté. L'accueil physique et l'échange avec autrui restent essentiels pour les usagers et pas seulement pour les plus éloignés du numérique. L'interaction physique permet une meilleure compréhension des enjeux,

1. Étude intitulée « La société numérique française: définir et mesurer l'éloignement numérique », Crédoc, avril 2023.

elle génère un sentiment d'écoute, crée de la proximité et, *in fine*, un niveau de satisfaction souvent bien meilleur.

BVA Xsight a réalisé en 2024, pour l'Agence nationale de la cohésion des territoires (ANCT), une enquête sur le réseau France services. Créées dans le cadre de la loi NOTRe en 2015, ces structures combinent plusieurs services publics (La Poste, les finances publiques, la CAF, la CNAV, Pôle emploi…) en un même endroit et propose un accueil physique et un accompagnement numérique. Si ces structures restent peu connues, elles suscitent toutefois un intérêt certain et rencontrent un vrai succès d'après les acteurs de terrain. Et à la question de savoir quelles raisons pourraient inciter à se rendre dans un espace France services, la première réponse (sur huit proposées) citée par les personnes qui connaissent ces structures, mais ne les fréquentent pas pour le moment, est « pour être sûr d'obtenir un contact humain de qualité », devant le fait d'obtenir des informations sur les services disponibles ou la gratuité des services. La demande d'humain est la raison numéro un.

Déserts médicaux : recherche médecin désespérément

Autre élément régulièrement souligné par les études d'opinion depuis plusieurs années et que l'on retrouve avec force dans les deux études les plus utilisées aussi : la dégradation du système de soin, corrélée en grande partie avec un sentiment de diminution de l'offre de soins et une problématique d'accessibilité croissante, notamment du fait des déserts médicaux.

C'est d'ailleurs, lorsqu'on creuse dans les études qualitatives, l'une des raisons majeures qui explique que la santé se retrouve depuis quelques années régulièrement dans le top trois des priorités des Français. D'autres raisons viennent nourrir les préoccupations liées à ce sujet très vaste et qui recouvre plusieurs sous-sujets, comme la crise des urgences mise en lumière au moment de la crise sanitaire, les préoccupations de chacun liées à son propre état de santé ou encore la question de l'accès financier aux soins, mais l'accès géographique aux soins est clairement une composante majeure de cette problématique.

Rappelons pour commencer à ce titre qu'un Français sur deux considère que la désertification des territoires au sens large est l'un des changements majeurs de ces dernières années (49 %), incluant la fermeture de commerces, de services publics et de cabinets médicaux. Lorsqu'on leur demande si, là où ils habitent, ils ont accès à moins de 5 kilomètres ou à moins de 20 minutes en voiture à toute une série de services[1], les Français répondent « oui » à près de 90 % pour La Poste, les supermarchés ou hypermarchés ou encore les distributeurs de billets, mais ils ne sont que six sur dix à répondre « oui » pour un hôpital (63 %) ou encore des médecins spécialistes (62 %). Notons toutefois que l'accès à un médecin généraliste est plus aisé (oui à 85 %). L'accès aux soins spécialisés est, avec le lieu de travail, sur ce qui apparaît comme le plus problématique. Là encore, qu'est-ce qui relève du mythe et de la réalité ? Ce sentiment repose-t-il sur une perception subjective ou sur une réalité tangible ?

D'après l'« Atlas de la démographie médicale en France » publié par l'Ordre national des médecins (conseil de l'ordre)

1. Étude BVA Xsight pour La Poste/BGPN « État des lieux de la société française et de ses fractures ».

relative à la situation au 1er janvier 2022: le nombre de médecins en activité s'élève à 232 891, soit une hausse de 0,4 % par rapport à 2021 et de 8 % par rapport à 2010. L'année 2021 a été le témoin du quasi-statu quo du nombre de médecins en exercice régulier depuis 2010 (197 811 médecins inscrits au Tableau au 1er janvier 2022, soit -1,1 % depuis 2010).

Le problème n'est donc pas le nombre de médecins, mais leur répartition sur le territoire. Selon ce même rapport publié par le Conseil de l'ordre des médecins, quelques constats demeurent d'une année à l'autre et en particulier « une pyramide des âges des médecins en activité régulière contrastée d'un département à l'autre, avec un âge moyen des médecins de 54,5 ans de l'Indre à 46,6 ans en Ille-et-Vilaine, soit un écart remarquable de huit ans, témoin de difficultés de renouvellement générationnel dans certains territoires ». Le corolaire de cet état de fait est « le creusement des inégalités territoriales en termes de densité médicale ». Le rapport se fait précis sur ces inégalités: « [Elles] n'opposent plus depuis longtemps la ruralité aux agglomérations urbaines. L'outil en ligne sur le site du CNOM permet de mieux appréhender ces inégalités à l'échelle fine, infra-départementale, mesurant combien les réalités démographiques peuvent être contrastées au sein d'une même aire urbaine. L'ensemble des spécialités médicales et chirurgicales sont impactées par ces inégalités de densité, parfois bien davantage que la médecine générale, qui, il y a déjà une vingtaine d'années, a alimenté les débats sur la ruralité et les "déserts médicaux". En France métropolitaine, les écarts de densité en médecine générale entre les départements les plus défavorisés et les départements les mieux dotés sont de l'ordre de 1 à 2 (Eure-et-Loir, en exercice régulier, tous modes d'exercice confondus, densité 77 médecins/100 000 hab.; Gironde 156). »

Certaines spécialités sont particulièrement touchées, comme les médecins ophtalmologues, qui présentent des écarts de densité très supérieurs: à titre d'exemple, en Haute-Marne densité 1,7 ophtalmologue/100 000 hab. vs en Pyrénées-Atlantiques 9,6/100 000 hab., alors que la population générale est sensiblement identique dans sa ventilation par tranches d'âge (Insee au 1er janvier 2022, selon estimation, population âgée de 60 ans et plus: Haute-Marne 33,7 %, Pyrénées-Atlantiques 32,1 %).

Par ailleurs, d'autres spécialistes comme les dermatologues qui se concentrent de plus en plus sur l'esthétique et de moins en moins sur le soin classique peuvent alimenter ce sentiment d'un manque de médecins, car les délais pour obtenir un rendez-vous sont de plus en plus importants.

La réalité n'est donc pas complètement celle d'une absence de médecins, mais ces différents paramètres (inégalités territoriales, réorientation de certaines spécialités) peuvent donner ce sentiment. Il est alimenté par d'autres éléments, pas toujours tangibles ou révélateurs d'une réalité. Mais l'on sait à quel point les perceptions ne se fondent pas toujours sur des faits. Ou alors des faits dont l'importance est amplifiée par l'écho qui leur est donné, notamment par les médias, ainsi que par leur valeur symbolique. Il en va ainsi des fermetures des maternités : selon la Direction de la recherche, des études, de l'évaluation et des statistiques (Drees), qui publie les données des établissements de santé (SAE), en 2022, il restait 464 maternités en France – Outre-mer compris – contre 721 en 2000. 35,6 % d'unités ont donc fermé leurs portes en un peu plus de vingt ans. Si ces fermetures sont la résultante d'un mouvement de concentration dont les motivations sont rationnelles (manque de praticiens et de personnels paramédicaux, mauvais résultats enregistrés par la France dans le domaine de la périnatalité, etc.), elles ne sont pas perçues comme telles par le grand public. La dimension affective et symbolique rattachée à ce sujet est extrêmement puissante et vient nourrir, elle aussi, ce sentiment « d'absence de médecins ».

Attention, ceci n'est pas de la science-fiction : quand les machines remplacent les humains dans les commerces et les services

Le mouvement de dématérialisation initié dans les services publics depuis près de vingt ans ne s'est évidemment par circonscrit au seul secteur public. Il s'agit d'un mouvement d'ampleur, qui touche toutes les sphères de notre société, qu'elles soient sociales ou économiques. On ne parle pas de « révolution numérique » pour rien, considérée par de nombreux économistes comme la troisième révolution industrielle, après la révolution industrielle engagée au XVIIIe siècle, avec la machine à vapeur et la mécanisation de la production textile, puis celle fondée sur l'utilisation de l'électricité et la production en série au XXe siècle. Ces révolutions modifient profondément nos sociétés, sur le plan économique d'abord, mais également sur le plan sociétal.

Interrogés sur les changements qui les ont le plus marqués au sein de la société française au cours des vingt dernières années, si un Français sur deux cite la désertification des territoires (évoquée précédemment), le premier changement évoqué est « l'impact des réseaux sociaux sur les relations entre les gens » (58 %) et le troisième « le développement du numérique dans les démarches du quotidien (courses, billetterie, rendez-vous médicaux, consultation de compte bancaire…) » cité par 33 % des Français. Les conséquences du numérique dans nos vies sont donc bien perçues comme un véritable bouleversement, ayant transformé en profondeur notre société et nos interactions sociales.

Cette intrusion et la montée en puissance du numérique dans toutes les sphères de notre vie quotidienne sont une réalité qui alimente elle aussi le sentiment d'absence d'humain.

Prenons quelques exemples emblématiques :

– dans les supermarchés, on a assisté à un essor des caisses automatiques, une tendance qui a fêté ses vingt ans en 2024 et s'est amplifiée avec la crise sanitaire. Importées des États-Unis puis d'Angleterre, c'est en mai 2004 que le Casino de

Chasse-sur-Rhône, en Isère, a inauguré ses « caisses express », les premières en France. Avant de se propager aux autres types de commerces, fast-foods, magasins de vêtements, etc. Quinze ans plus tard, en 2019, la moitié des magasins en France étaient équipés de caisses automatiques, au point de représenter près de 10 % du chiffre d'affaires des grandes surfaces, selon la Fédération du commerce et de la distribution. Ce modèle est particulièrement répandu dans les magasins de proximité en ville dont la clientèle urbaine est demandeuse de rapidité. Le nombre de caissières en France a baissé de 5 à 10 % entre 2009 et 2019 selon le rapport sur l'évolution du commerce et de la distribution de la Fédération du commerce et de la distribution paru en 2019. Selon l'Insee, le nombre de caissiers a chuté de 14,4 % entre 2016 et 2020. La progression des caisses automatiques n'a cessé depuis et s'est trouvée amplifiée par la crise sanitaire : en 2020, 57 % des magasins étaient équipés, 65 % en 2022, 71 % en 2023, selon une étude du cabinet NielsenIQ. Nous n'avons pas trouvé de données plus récentes que celles de 2019-2020 sur l'évolution du nombre « d'agents de caisse », mais nous pouvons aisément émettre l'hypothèse que le corolaire de la progression des caisses automatiques est la diminution du nombre de caissières et caissiers et donc d'humains avec lesquels nous interagissons. Dans bien des cas, dans ce système, quand interaction humaine il y a, c'est pour faire face à un problème rencontré avec la machine, faire une réclamation, se plaindre. Une interaction qui ne s'inscrit pas dans des conditions optimales ;

– il n'y a pas que les commerces qui ont évolué dans ce sens. C'est le cas également des « biens culturels » : musées, cinémas, tous sont passés aux caisses automatiques. Souvent, le modèle est mixte : caisses automatiques et caisses « avec humain » cohabitent. Mais certains jours ou à certaines heures, seules les caisses automatiques sont ouvertes. Il n'y a plus d'humain pour accueillir le visiteur. Les services n'échappent pas non plus à ce mouvement. Le secteur bancaire, en particulier, a été profondément transformé par l'arrivée des banques en ligne. Les banques telles que Boursorama ou ING Direct ont débarqué sur le marché avec une offre en ligne à 100 %. D'autres leur ont emboîté le pas depuis et les néobanques ont fait leur apparition. Avec ces banques complètement digitales, les clients peuvent effectuer la totalité de leurs opérations bancaires en ligne et n'ont plus besoin de se déplacer en agence. Cette absence d'agence physique permet aux banques en ligne de fonctionner avec des coûts fixes considérablement moins élevés que pour un établissement bancaire traditionnel. Les tarifs proposés sont donc beaucoup plus attractifs. À cela s'ajoute un service client disponible en ligne sur des plages horaires plus larges et donc une satisfaction du désir d'immédiateté et de facilité. Les banques traditionnelles ont dû suivre le mouvement et proposent désormais l'essentiel de leurs services en ligne, via une application. La quasi-totalité des opérations bancaires sont désormais réalisables en ligne, sans jamais interagir avec un humain. Corolaire de cette évolution, le nombre d'agences bancaires est en diminution. Ainsi, la France comptait 34 298 agences bancaires fin 2022, selon les chiffres publiés en 2023 par la Banque centrale européenne, soit 3,9 % de moins qu'en 2021. Selon une étude du site MoneyVox.fr publiée en juillet 2022 et relayée par le cabinet de conseil KPMG[1], les banques ont fermé 9 % de leurs agences

1. « Agence bancaire du futur : innovante et connectée », KPMG, 16 juillet 2023.

en 2021, tandis que l'activité commerciale des banques de détail chutait de 10 %. En France plus particulièrement, le nombre d'agences bancaires a baissé de 9 % entre 2016 et 2020, tandis que les interactions physiques entre clients et conseillers ne représentent plus désormais que 12 % des échanges, l'avantage étant passé au digital (78 %) ;

– le secteur du tourisme n'a pas non plus échappé à ce mouvement. Les traditionnelles agences de voyages « physique » sont progressivement remplacées par des agences en ligne, voire compensées par la possibilité offerte à tout un chacun d'organiser ses propres vacances via différentes plateformes en ligne. La multiplication des solutions de réservation en ligne, que ce soit pour les vols, les hébergements, les locations de véhicule ou pour les activités, permet aux voyageurs de concevoir seuls leurs déplacements. L'arrivée de nouveaux acteurs comme Airbnb, Booking, les comparateurs de vol, etc. ont totalement bouleversé le marché. Le nombre d'agences de voyages, déjà passé de près de 5 200 en 2007 à environ 4 600 pour l'année 2017, a vu sa décrue s'accélérer suite à la crise sanitaire. Selon une récente étude de marché des agences de voyages en France produite par Propulse (groupe Crédit Agricole)[1], « l'année 2020 a marqué un tournant brutal. La crise sanitaire mondiale a frappé de plein fouet l'industrie du tourisme, entraînant une chute du nombre d'agences. Cette tendance s'est accentuée en 2021, avec seulement 4195 agences recensées. Cette baisse de 9,3 % en deux ans illustre l'ampleur des défis auxquels le secteur a dû faire face : restrictions de voyage, fermetures de frontières et effondrement de la demande touristique ». Le nombre d'agences de voyages a donc chuté de près de 20 % entre 2007 et 2021. Quand, dans le même temps, les agences « virtuelles » affichent des croissances records. Ainsi, par exemple, au premier trimestre 2024, la holding de Booking publiait des revenus de 4,4 milliards de dollars en augmentation de 17 % en glissement annuel, pour un bénéfice net de 776 millions de dollars, en forte hausse également (multiplié par trois par rapport à l'année précédente). Les réservations brutes de voyages via la plate-forme ont augmenté de 10 %. Il s'agit de la première plate-forme utilisée en France, devant Airbnb qui a connu

1. « Étude de marché des agences de voyages en France », Propulse by CA.

un développement similaire. Fondée en 2008 seulement, à San Francisco, l'entreprise a modestement débuté en transformant une chambre universitaire en un *bed and breakfast*. Quinze ans après, en 2023, le chiffre d'affaires d'Airbnb s'est approché des 10 milliards de dollars. Cette équation, avec une progression des plateformes d'un côté et une diminution des agences « physiques » de l'autre, entraîne nécessairement une réduction drastique de la présence d'humains et d'interactions humaines pour concevoir, imaginer et orchestrer ses vacances.

On pourrait multiplier les exemples à l'envi. L'année 2025 marque d'ailleurs les trente ans du e-commerce. À cette occasion, une étude réalisée par OpinionWay pour Colissimo (groupe La Poste) « Trois décennies de e-achat: comment le e-commerce a changé la vie des Français ?[1] » montre à quel point les comportements des Français en matière d'achat se sont transformés au cours des dernières décennies. 95 %

1. Étude « Trois décennies de e-achat: comment le e-commerce a changé la vie des Français ? », La Poste et OpinionWay, réalisée du 13 au 14 novembre 2024 auprès d'un échantillon représentatif de la population française.

des Français déclarent réaliser des achats en ligne nécessitant une livraison, ils sont même 70 % à le faire au moins une fois par mois et 20 % au moins une fois par semaine. 80 % combinent e-commerce et commerce physique, mais 38 % achètent exclusivement ou principalement en ligne, soit une proportion supérieure aux 36 % qui se fournissent exclusivement ou principalement en magasin (10 % achètent exclusivement en ligne et 10 % sont des exclusifs magasin). Là aussi, qui dit achat en ligne voire exclusivement en ligne dit absence d'interactions humaines.

Un double mouvement dématérialisation/ déshumanisation qui s'immisce dans toutes les sphères de notre vie

Le monde du travail n'échappe pas non plus à cette lame de fond. Selon une analyse de la Direction de l'animation, de la recherche, des études et des statistiques (Dares) parue en novembre 2024[1], entre 2019 et 2023, la part des personnes salariées pratiquant le télétravail au moins occasionnellement passe de 9 % à 26 %.

1. « Comment évolue la pratique du télétravail depuis la crise sanitaire ? », Dares, 5 novembre 2024.

Cette progression est majoritairement portée par les cadres et ne concerne donc pas l'ensemble des catégories de salariés de façon homogène. Il n'en demeure pas moins que dans certains secteurs, c'est un véritable bouleversement qui s'est opéré et amplifié depuis la crise sanitaire (même si on observe toutefois un léger mouvement de retour en arrière), modifiant profondément les rapports sociaux dans l'entreprise. Les réunions, qu'elles soient internes ou avec des clients, se font très souvent en visio-conférence et donc sans interaction humaine directe. Ce qui n'est pas sans conséquences, tant sur le bien-être des salariés (Santé Publique France rappelle que « d'après les études existantes, le télétravail peut être à l'origine d'une sédentarité accrue, […] d'une augmentation des risques psychosociaux, comme l'isolement social[1] ») qu'en ce qui concerne les enjeux liés au management et la capacité à « engager » les équipes en créant notamment un sentiment d'appartenance à un collectif. Toute une partie des relations humaines ont disparu ou se sont affaiblies, et plus

1. « Conditions de télétravail : quel impact sur la santé physique et psychique des travailleurs ? », Santé Publique France, 16 octobre 2023.

particulièrement ce qui relève de l'informel comme les discussions autour de la machine à café, qui contribuent à créer du lien social et à faire circuler l'information. Dans le monde du travail aussi, l'humain est une espèce en voie de disparition.

Tous ces mouvements initiés il y a vingt ou trente ans ont été largement amplifiés et se sont accélérés sous l'effet de la crise sanitaire liée au Covid-19. Aujourd'hui, en 2025, on pourrait tout à fait vivre une journée, en travaillant, en ayant accès aux biens nécessaires à notre survie et en gérant nos sujets de fond (organisation de ses vacances, déclaration de revenus en ligne, courses alimentaires, achats de vêtements, renouvellement de ses papiers d'identité) sans interagir physiquement avec une « vraie » personne. Vivre une vie d'ermite est à la portée de chacun, plus encore, paradoxalement, en milieu urbain. Imaginez : 7 heures du matin, le réveil sonne. Je commence ma journée par une séance de sport, dispensée par un coach sportif virtuel (que ce soit via une appli, une vidéo, etc.). Après une douche et un petit-déjeuner livré à domicile par un des nombreux acteurs offrant ce service, j'entame ma matinée de réunions : deux réunions internes se succèdent entre 9 heures et 11 heures avant un rendez-vous avec un client à 11 heures tapantes. Tout se fait en visio, par Teams ou Zoom. À 12 h 30, en attendant le livreur Deliveroo, je finalise mes courses pour la semaine, en ligne sur le site auchan.fr, avant de faire une demande de renouvellement de mon passeport (en ligne bien sûr, c'est plus pratique, surtout à l'heure du déjeuner où les guichets de services publics risquent d'être fermés, car ce sont des humains qui les tiennent et ils ont besoin de se nourrir). J'en ai besoin pour réserver mes vacances, en ligne naturellement, un soir de la semaine. En prenant mon café, j'écoute le dernier album de mon artiste préféré que je viens de télécharger sur une plate-forme de type Deezer ou Spotify (c'est pratique, plus besoin d'aller chez un disquaire !, ce qui me fait penser qu'il serait bien que je me commande des livres sur la fnac.com pour mes futures vacances). 14 heures, je reprends ma série de réunions en visio. C'est pratique, car on ne perd pas de temps en bavardages et on va directement à l'essentiel. Fin de la journée. Je n'ai pas vu d'humain (physiquement) et c'est très bien comme ça ! Demain, je recommence. Comme je suis un peu tendue (étonnant, non ?), je m'endors avec une séance de méditation, dispensée sur une appli dédiée.

Rien qu'en écrivant ça (et vous en le lisant), je me sens mal et comprends en quoi la société d'aujourd'hui nous a privés, en partie du moins, de l'essentiel : autrui.

D'ailleurs, en parlant d'autrui, de rapport à l'autre, il est un « champ » que nous n'avons pas du tout exploré jusqu'ici, celui des rapports amoureux. Le site Huffington Post relayait en octobre 2024[1] une infographie animée produite, à partir d'une étude de l'université de Stanford[2], par le blogger James Eagle. L'étude mise en image par James Eagle est basée sur une question simple posée à des milliers d'Américains « Comment avez-vous rencontré votre époux ou épouse ? ». Au début des années 1930, les deux premiers espaces où tomber amoureux sont la famille (23 %) et l'école (22 %). On rencontre sa moitié à proximité de chez soi : à l'église (10 %) ou dans son voisinage (11 %). Progressivement, dans les décennies suivantes, les rencontres via ses amis, son travail et dans les bars, d'abord

1. « Où rencontre-t-on son conjoint ? Ce visuel montre la révolution des rencontres amoureuses depuis 2000 », *huffpost.fr*, 11 octobre 2024.
2. « How couples meet and stay together (HCMST) », *stanford.fr*, 2017.

minoritaires, vont s'imposer. Des résultats qui évoluent peu ensuite, pendant plusieurs décennies, jusqu'à l'arrivée d'internet. Le *Huffington Post* relate que « en 1991, 0,4 % des couples se sont rencontrés en ligne. Ce chiffre augmente de manière constante pour arriver à presque 10 % en 2004, et devenir le deuxième moyen de trouver l'amour en 2007, devant le travail. Entre 2007 et 2014, la proportion de mariages nés en ligne double et passe de 15 % à 29 %. Le chiffre est en constante augmentation : les rencontres sur Internet augmentent et dépassent de loin toutes les autres manières de tomber amoureux. En 2024, elles sont majoritaires et représentent 61 % des couples mariés, loin devant les rencontres par des amis (14 %) et les collègues de bureau (8 %) ». Cette évolution est vertigineuse. Mais où est la cause ? Où est la conséquence ? Les applications en ligne, présentées souvent comme un remède à la solitude d'aujourd'hui, ne viennent-elles pas en réalité renforcer ce mouvement de fond de déshumanisation de la société au profit du virtuel ? Ces applications sont censées connecter les humains entre eux, tout comme les réseaux sociaux sont censés permettre aux individus de mieux échanger, de mieux communiquer. Mais derrière cette « connexion » revendiquée, ne s'agit-il pas d'un vaste mouvement de déconnexion des humains entre eux, de déshumanisation de la société auquel nous assistons et auquel nous participons, de façon plus ou moins active et volontaire ? Les Français ne s'y sont pas trompés, eux qui ne considèrent pas vraiment les réseaux sociaux comme un espace envisageable pour (re)créer du lien, comme nous l'avons mesuré dans notre étude réalisée pour La Poste et comme nous l'avons déjà mentionné plus haut. Plus d'un tiers des Français considèrent qu'ils ne sont pas du tout capables d'endosser ce rôle (34 % attribuant une note de 0 à 4 sur 10), contre seulement 19 % estimant qu'ils en ont véritablement les aptitudes (notes de 8 à 10).

Nous n'avons jamais eu autant de moyens de communication à notre disposition. Pour autant, n'avons-nous pas jamais aussi peu communiqué ?

Une absence d'humain(s) aux nombreuses conséquences immatérielles

Les manifestations et traductions de cette déshumanisation, de cette diminution progressive de nombre d'interactions dites

« sociales » ne sont pas toutes tangibles et vérifiables « au quotidien », contrairement à celles que nous venons de lister pour illustrer ce mouvement de fond créé par la numérisation de la société. D'autres sont moins visibles, plus immatérielles, voire plus insidieuses. Elles se sont insinuées dans ce qui fonde le socle commun de toute société : le « vivre-ensemble ». En limitant les interactions avec autrui, on finit par ne plus vraiment le connaître. Et moins on le connaît, moins on le comprend. Moins on le comprend, moins on a confiance en lui. Moins on a confiance en lui, plus on est tenté de le tenir à distance. Voire de le rejeter. Et c'est là qu'apparaissent divisions et fractures.

Une confiance en berne

Conséquence ou cause de cette humanité effacée progressivement, on observe aussi un terrible manque de confiance : selon l'étude « Quels communs dans une société française en tensions ? » réalisée par BVA Xsight pour le groupe La Poste, 78 % des Français estiment qu'on n'est jamais trop prudent quand on a affaire aux autres quand 14 % seulement (à peine plus d'un Français sur dix !) estiment que l'on peut faire confiance aux autres. À ce titre, la dernière livraison du « Baromètre de la confiance politique » du Cevipof, réalisé par OpinionWay du 17 au 29 janvier 2025 et intitulé « En qu[o]i les Français ont-ils confiance aujourd'hui ?[1] » est riche d'enseignements :

– interrogés sur les qualificatifs qui caractérisent le mieux leur état d'esprit actuel, plus de quatre Français sur dix citent « la méfiance », ce qui la place au premier rang, devant « la lassitude » et « la morosité », déjà évoquées précédemment dans le cadre de l'étude La Poste. « La méfiance », citée par 45 % des Français, connaît en outre la plus forte hausse, de 7 points par rapport à la précédente vague. Elle atteint ainsi de très loin son plus haut niveau depuis 2009 (année depuis laquelle cet indicateur est mesuré), elle était alors mesurée à 27 %. « La lassitude » et « la morosité » progressent également, mais de 4 points seulement chacune. A contrario, « la confiance » se place en avant-dernière position et régresse de 2 points par rapport à la précédente vague, n'étant citée que par 13 % des Français. À noter, cette méfiance

1. « Baromètre de la confiance politique Cevipof 2025 : le grand désarroi démocratique », Sciences Po, Cevipof, 2025.

est très propre à la France. Elle est beaucoup plus faible chez nos voisins européens, à 25 % en Allemagne et 31 % en Italie. En France, si la confiance accordée à sa famille est quasiment aveugle (92 %), confirmant l'importance de cette « valeur », elle est beaucoup plus faible concernant les autres groupes sociaux et en particulier « les gens d'une autre nationalité en général » (64 %) et « les gens qui ont une opinion religieuse différente » (63 %). Elle est même minoritaire à l'égard des gens rencontrés pour la première fois (44 %), ce qui ne va pourtant pas de soi ;

– ce manque de confiance en général se décline de manière exacerbée dans certains domaines, en particulier la politique. Cela fait maintenant vingt ou trente ans que l'on évoque la crise de confiance ou la perte de confiance des Français dans la politique et les politiques en général ainsi que dans les institutions. Cette nouvelle vague du baromètre du Cevipof confirme cette tendance. Un quart des Français seulement déclarent avoir confiance dans la politique (26 %, - 4 points par rapport à la dernière vague) tandis que les trois quarts n'ont pas confiance (74 %, + 4 points). Quand on rentre dans le détail des institutions, ce qui frappe, c'est la détérioration à tous les niveaux, même si on a déjà enregistré des niveaux similaires au moment de la crise des Gilets jaunes. Si le gouvernement ou l'institution présidentielle connaissent une confiance minoritaire depuis plus de quinze ans (du moins, aussi loin que remontent les données du baromètre, en 2009), on observe que la confiance s'érode aussi concernant les institutions locales, qui jusqu'ici résistaient plutôt bien. L'échelon municipal, notamment, longtemps préservé, voit sa confiance diminuer même si elle demeure majoritaire. Alors que 66 % des Français déclaraient lui faire confiance en 2009, ils ne sont plus que 58 % aujourd'hui. Le maire reste toutefois de loin la seule véritable figure de confiance : 61 % des Français font confiance au maire de leur commune contre 48 % pour les conseillers départementaux et 46 % pour les conseillers régionaux pourtant loin eux aussi devant les élus nationaux et notamment le président de la République actuel (23 %). Cette perte de confiance dans la politique se traduit par une progression structurelle de l'abstention lors des élections, en dépit de sursauts exceptionnels. Ainsi, par exemple, l'abstention au premier tour des élections législatives a progressé de façon linéaire élection après élection, passant de près de 31 % en 1993 à plus de 52 % en 2022, soit une hausse de plus de 20 points en près de trente ans. Elle a connu à l'inverse un net reflux en 2024, à la faveur des élections qui se sont tenues suite à la dissolution de l'Assemblée nationale (33,2 %). Mais il est peu probable que cette évolution structurelle se trouve véritablement infléchie par le niveau de participation observée en 2024, les prochaines élections nationales nous le diront.

On pourrait également citer la perte de confiance dans les médias : selon la 38e édition du « Baromètre de la confiance des Français dans les médias », réalisée par Verian pour *La Croix* et rendue publique en janvier 2025[1] : « La confiance des Français dans "les médias" est toujours minoritaire et continue de se dégrader : seuls 32 % pensent que l'on peut avoir confiance dans ce que disent les médias sur les grands sujets d'actualité. 62 % des Français considèrent à l'inverse qu'il faut se méfier de ce que disent les médias sur les grands sujets d'actualité, c'est 8 points de plus qu'en janvier 2023. » Même la confiance dans

1. « Baromètre de la confiance des Français dans les media », *verian.fr*, 14 janvier 2025.

la science et les scientifiques, « autorités » jusqu'à présent peu contestées, a pu se trouver fragilisée après la pandémie. C'est ce qu'ont montré les résultats du baromètre « Science et Société » réalisé par Ipsos[1], lancé en octobre 2020, en partenariat avec l'Institut Sapiens, même si les résultats 2024 traduisent un regain de confiance. Ces évolutions sont également à placer dans un contexte de rôle accru des réseaux sociaux, notamment en matière « d'information ». Nous ne traiterons pas ici des *fake news* et de la désinformation – qui mériteraient plus d'un livre à elles seules –, même s'il est évident que ces sujets ne sont pas sans lien avec celui qui nous intéresse ici et que, là aussi, l'absence d'intermédiation humaine directe montre quotidiennement ses limites.

Société de l'absence, société du manque

La dématérialisation d'un nombre croissant de processus et la numérisation de nos vies ont donc fortement contribué à – voire initié – un délitement partiel et progressif

1. « 1 Français sur 2 estime que ce n'est pas parce qu'un scientifique spécialisé sur un sujet lui démontre un fait scientifique que c'est vrai », *Ipsos.fr*, 28 octobre 2022.

du lien social. Cette dislocation du lien a, pour sa part, entamé la confiance que chacun de nous accorde à autrui. Ce faisant, elle entame l'un des piliers de ce qui fait société. Ce qui permet le vivre-ensemble. Le mot « société » qui, selon le Dictionnaire de l'Académie Française, désigne « un État d'individus vivant ensemble selon une organisation régie notamment par des lois, des conventions, des usages communs » vient du latin *societas,* « association, communauté, alliance », lui-même dérivé de *socius,* « compagnon, associé, allié ». Le terme même de « société » contient en son sein les notions de collectif et de confiance, mises à mal aujourd'hui.

Indirectement, la société de « l'absence d'humain » vient éroder d'autres piliers. Ainsi, une société est régie par un État. Et comme le rappelle le Conseil constitutionnel, la mission première de l'État est de permettre l'exercice de la souveraineté nationale qui appartient au peuple (article 3 de la Constitution du 4 octobre 1958). En particulier, l'État édicte les règles de droit (lois, décrets, etc.) qui s'imposent au corps social et à lui-même et garantit la sécurité et l'ordre publics.

Manque de sécurité

Or, qu'observe-t-on aujourd'hui ? Que cette sécurité n'est pas garantie ou du moins pas perçue comme telle. On mesure un sentiment d'insécurité grandissant chez nombre de nos concitoyens ou, dit autrement, un manque de sentiment de sécurité. Les enquêtes d'opinion réalisées par les différentes sociétés d'études montrent, en effet, que, depuis plusieurs mois, la thématique de la sécurité a fait son grand retour en haut du classement des préoccupations des Français. Cette résurgence des préoccupations sécuritaires (mesurées à un niveau élevé au début des années 2000) relève en grande partie de perceptions, la réalité des faits étant plus nuancée. Notons tout d'abord qu'il n'est pas aisé de se faire une idée précise de l'évolution de l'insécurité en France depuis quarante ans, parce qu'il s'agit d'une notion très hétéroclite, qui regroupe des faits de grande violence (homicides, attentats terroristes) et des faits d'une intensité moindre (allant d'actes de vandalisme à la falsification de papiers d'identité en passant désormais par des actes de fraude bancaire). Conséquence : suivre les évolutions du niveau réel d'insécurité suppose de travailler à périmètre constant ou acte par acte, ce qui est extrêmement fastidieux et permet difficilement de se faire une idée d'ensemble. Le journal *Le Monde* a tenté l'exercice[1] et a conclu à « une hausse de l'insécurité discutable ». D'un côté, depuis trente ans, les homicides ont connu une baisse substantielle, en partie liée à la décrue de la violence politique (affrontements entre groupes extrêmes, crimes racistes, etc.) et du grand banditisme. De l'autre, la délinquance des mineurs a connu une forte augmentation. La revue *Futuribles*, dans une note de veille de juillet 2023[2], a tenté le même exercice pour conclure que « rien n'indique que la société française soit devenue plus violente ces dernières années, c'est même l'inverse qui apparaît à la lecture des données disponibles ». Toujours est-il que le manque de sécurité ressentie est lui bien réel et qu'il est difficile de ne pas faire le lien avec le délitement du lien social et la méfiance accrue des citoyens les uns envers les autres.

1. Maxime Vaudano, « Sept idées reçues sur l'évolution de la France "depuis trente ans" », *lemonde.fr*, 28 février 2019.
2. Louis Morin, « L'insécurité est stable en France », *futuribles.com*, 20 juillet 2023.

Manque d'équité et de cohésion

D'autres manques, sur des sujets que l'on peut pourtant considérer comme faisant partie de la responsabilité de l'État, sont ressentis par les Français.

On l'a évoqué précédemment, l'une des caractéristiques de la société telle qu'elle est perçue aujourd'hui par les Français est son caractère « inégalitaire et discriminant », selon l'étude sur l'état des fractures françaises réalisé pour La Poste/BGPN. Les Français perçoivent un manque criant d'égalité et d'équité. Un manque de cohésion également puisqu'ils évoquent aussi, spontanément, les divisions, tensions et fractures qui traversent la société. Ce manque de cohésion sociale et d'égalité résulte en partie de la dématérialisation progressive des services publics et est donc l'une des conséquences de cette société de l'absence. Selon les différents rapports déjà évoqués ici émanant du Défenseur des droits, « la dématérialisation des démarches administratives », telle qu'elle a été conduite, « souvent sous une forme exclusive de toute autre modalité d'accès, fragilise l'égalité devant le service public[1] ».

1. « Dématérialisation des services publics : trois ans après, où en est-on ? », *viepublique.fr*, 2022.

Outre les différences d'accessibilité même des services publics entre les personnes éloignées du numérique et celles qui ne le sont pas, cette rupture d'égalité vient renforcer d'autres fossés censés être partiellement comblés par la puissance publique. La diminution des services publics de proximité est désormais bien documentée dans ses conséquences sociales et politiques, comme le rappelle Thierry Libaert, conseiller au Comité économique et social européen (CESE), dans une note produite pour la Fondation Jean-Jaurès[1]. Il y analyse les conséquences socio-politiques de cette « communication sans relation de l'administration publique » et l'on devine aisément que les plus éloignés du numérique sont ceux qui en pâtissent le plus.

Or, d'après les données fournies par l'Insee en 2021, parmi les 15,4 % de la population française considérée comme en situation d'illectronisme, 75 % sont des inactifs, 23 % des CSP- (en particulier des ouvriers) et 2 % seulement des cadres. Les plus précaires, on le comprend, sont

1. Thierry Libaert, « "No reply" : la communication sans relation des services publics », Fondation Jean-Jaurès, 13 décembre 2024.

donc surreprésentés dans cette catégorie de la population éloignée du numérique. Or, ce sont ceux-là mêmes qui ont besoin de pouvoir bénéficier de politiques publiques ciblées, lesquelles sont bien souvent accessibles en ligne essentiellement. Dans sa note, Thierry Libaert prend l'exemple des Caisses d'allocations familiales (CAF) et des demandes de Revenu de solidarité active (RSA). Il écrit :

> Voici par exemple ce qu'indique la Caisse d'allocations familiales pour effectuer une demande de RSA : « La première étape est de vous rendre sur le simulateur en ligne sur la CAF.fr, muni des informations nécessaires : situation familiale, professionnelle, ressources. En quelques clics, vous savez si vous pouvez déposer une demande sur CAF.fr. » En clair, il est demandé aux personnes les plus éloignées de la sphère numérique de remplir un dossier parfois complexe sur un site web à l'arborescence souvent compliquée et nécessitant le recueil d'un grand nombre d'informations.

On peut émettre l'hypothèse selon laquelle c'est l'une des clés d'explication du fait qu'une partie non négligeable des personnes éligibles au RSA n'en font pas la demande : selon une étude de la Drees publiée en 2022, un tiers des potentiels bénéficiaires du RSA (34 % soit environ 600 000 personnes) sont non-recourants[1]. Une autre étude de la Drees sur les causes de ce non-recours[2] met en exergue le fait que les deux principales causes du non-recours sont « le manque d'information sur les aides ou les organismes à qui s'adresser » (39 % en 2021, un résultat toutefois en baisse progressive) et « les démarches trop longues et trop complexes » (23 %). Et selon Thierry Libaert, ce même phénomène concerne d'autres droits sociaux : « le taux de non-recours au minimum vieillesse est de 50 % et il est de 30 % pour l'assurance chômage[3] ».

Cette complexification de l'accès aux services publics a également été pointée du doigt en 2024 dans le rapport annuel de la

1. « Mesurer régulièrement le non-recours au RSA et à la prime d'activité : méthode et résultats », Les dossier de la Drees, n° 92, février 2022.

2. « Prestations sociales : pour quatre personnes sur dix, le non-recours est principalement lié au manque d'information », Études et résultats de la Drees, n° 1263, avril 2023.

3. Céline Mouzon, « Réinvestir dans les services publics, c'est possible ! », *Alternatives économiques*, n° 453, décembre 2024, p. 35.

Cour des comptes sur les lois de financement de la Sécurité sociale[1] dont voici un extrait du chapitre IX :

> La crise sanitaire a accéléré les changements déjà en cours dans l'offre de services des caisses de Sécurité sociale du régime général : développement des services numériques et des accueils téléphoniques, réduction des accueils physiques. Dans ce cadre, les enquêtes menées auprès des usagers montrent que, s'ils accordent toujours un haut niveau de confiance aux services publics sociaux, ils considèrent que leur qualité se dégrade en raison de la complexité croissante des démarches et de la difficulté des prises de contact.

Dès lors, à partir du moment où l'absence progressive d'humains dans les services publics ne permet pas à la puissance publique de jouer son rôle de régulateur et de gardienne de l'équité, alors la société de l'absence engendre directement et clairement un manque d'équité. L'absence engendre là aussi le manque.

1. « La sécurité sociale. Rapport sur l'application des lois de financement de la sécurité sociale », Cour des comptes, mai 2024.

Quand l'absence et le manque conduisent au rejet d'autrui

Comment se connaître quand on n'est pas liés, quand on n'est pas « connectés » (au sens premier du terme, du latin *conectere,* de *nectere,* lier ; pas au sens induit par le digital) les uns aux autres ? Comment apprendre à connaître autrui sans le côtoyer ? Comment réussir à comprendre ses valeurs, ses motivations, ses aspirations ? Enfin, comment accepter la différence quand on ne la comprend pas ?

Dans son essai *La fin de la conversation ? La parole dans une société spectrale*[1], l'anthropologue David Le Breton déplore qu'on n'ait jamais autant communiqué, mais jamais aussi peu parlé ensemble. Sur le site de son éditeur, on peut lire ce résumé[2] :

> La société numérique n'est pas dans la même dimension que la sociabilité concrète, avec des hommes ou des femmes en présence mutuelle qui se parlent et s'écoutent, attentifs les uns aux autres. Elle morcelle le lien social, détruit les anciennes solidarités au profit de celles, abstraites, des réseaux

1. David Le Breton, *La fin de la conversation ? La parole dans une société spectrale*, Paris, Métailié, 2024.
2. *Ibid.*

sociaux ou de correspondants physiquement absents. Paradoxalement, certains la voient comme une source de reliance alors que jamais l'isolement des individus n'a connu une telle ampleur.

Tout est dit. Et ces propos résonnent tellement avec les nôtres. Dans ce contexte, que reste-t-il de l'attention portée à l'autre, de l'empathie nécessaire pour le comprendre *vraiment* ?

La société de l'absence est donc assurément l'un des facteurs, parmi d'autres déterminants, qui alimente le regain des tensions au sein de la société française, les divisions et les fractures entre communauté.

Comment, dès lors, ne pas faire le lien avec la progression du vote pour le Rassemblement national (RN) ? Rappelons, en guise de repère, que depuis maintenant cinquante ans, le vote en faveur du Front national (FN) puis du RN a connu une progression structurelle et quasi linéaire. Prenons le seul cas de l'élection présidentielle, en comparant les résultats obtenus au premier tour : lors du scrutin de 1974, Jean-Marie Le Pen a obtenu moins de 1 % des suffrages (soit 190 000 voix). En 1988, ce score bondit à près de 15 % et plus de 4 millions de voix, un résultat proche en 1995 (15 % et 4,5 millions de voix). En 2002, en ce fameux 21 avril, Jean-Marie Le Pen obtient 16,8 % des suffrages, soit près de 5 millions de voix, et se qualifie au second tour. Après un léger décroché en 2007, Marine Le Pen, sa fille, poursuit cette trajectoire avec 17,9 % des suffrages (et 6,4 millions de voix) en 2012, 21,3 % des suffrages et 7,6 millions de voix en 2017 et enfin 23,15 % et plus de 8 millions de voix en 2022.

Quand on s'intéresse aux ressorts du vote RN, deux grands registres se répondent et se conjuguent : la « peur du grand remplacement » et la « peur du grand déclassement ». Ces deux peurs, dans des registres différents, sont très certainement alimentées et aggravées substantiellement par les absences évoquées dans cet ouvrage. D'un côté, la « peur de l'autre », dont le terreau est l'absence de dialogue, la perte de confiance dans autrui, l'incapacité à communiquer et interagir véritablement avec lui. Une peur qui vient d'ailleurs se combiner avec « le manque de sécurité » évoqué également. De l'autre, la « peur de l'abandon », notamment de l'État et des services publics, face à une situation qui semble ne plus finir de se dégrader.

Arrêtons-nous un instant sur ces deux peurs, déjà décrites dans des notes pour la Fondation Jean-Jaurès. « La peur du grand remplacement » est une idéologie qui résonne chez une partie importante des Français. Parmi les principales préoccupations des Français, on retrouve (dans le top cinq, avec la santé), outre la question centrale depuis deux ans du pouvoir d'achat (sur laquelle je reviendrai dans un instant), les thématiques de l'immigration et de la sécurité (dont on a vu qu'elle était de plus en plus perçue sous le prisme du « manque de sécurité »). Or, sur ces sujets, c'est le RN qui apparaît comme étant le plus crédible. Mais derrière cette peur du « grand remplacement », on trouve aussi une peur du « grand déclassement », un autre ferment du vote RN. Quand on creuse le sujet de l'immigration[1], quatre grands registres structurent cette préoccupation : 1/ l'idée, exprimée de façon claire, selon laquelle il y a tout simplement « trop d'immigrés » en France ; 2/ l'idée, plus nuancée, selon laquelle la France n'a pas les moyens d'accueillir des immigrés ; 3/ le sentiment que l'immigration est la source de nombreux maux (violence, insécurité,

1. Adélaïde Zulfikarpasic, « L'immigration, ce grand tabou (de la gauche) », Fondation Jean-Jaurès, 11 avril 2023.

difficulté exacerbée d'accéder au travail, les immigrés « volant » le travail des Français…) ; 4/ enfin, le sentiment que les immigrés jouissent de (trop) nombreux droits.

Derrière ce dernier registre, on perçoit, en creux, le sentiment d'une profonde injustice chez de nombreux Français. Le problème n'est pas tant, selon eux, que les immigrés aient accès à des aides, voire qu'ils viennent en France pour bénéficier de ces aides, le problème est surtout que cela se fasse au détriment des Français qui, eux, ne jouissent pas – dans leurs perceptions – des mêmes aides et du même soutien de l'État. Nombreux sont ceux qui expriment un sentiment d'injustice, pour ne pas dire d'abandon alors que – on l'a vu plus tôt – nombre de nos concitoyens ont le sentiment d'une dégradation des services publics et par conséquent d'un abandon de l'État dans certains territoires. Ces éléments convergent et viennent nourrir un sentiment de déclassement collectif et une peur de déclassement individuel. C'est là que la question du pouvoir d'achat entre aussi en lice. Cette question du pouvoir d'achat s'est progressivement installée dans les préoccupations des Français. Nous l'avons mesuré comme priorité numéro un à partir de la fin 2021[1]. Marine Le Pen a très vite cranté ce sujet jusqu'à s'imposer lors de la présidentielle 2022 comme la candidate du pouvoir d'achat, la candidate de l'espoir face au déclassement.

Derrière tous ces sujets, ce sentiment d'abandon dans certains territoires, de délitement perçu des services publics (liés à des interactions humaines moins fréquentes avec les agents de ces services), le sentiment qu'en France, c'était mieux avant, on voit qu'il y a une très forte demande de lien social insatisfaite jusqu'à présent. Avec une articulation très étroite entre cette peur du « grand remplacement » et celle du « grand déclassement ». C'est sur ce terreau que le RN a su prospérer.

Ces absences et ces manques, qui s'imbriquent les uns les autres, s'illustrent donc dans de nombreux domaines et font boule de neige : absence d'humain dans les services publics et dématérialisation croissante des démarches, manque

1. Christelle Craplet et Adélaïde Zulfikarpasic, « Entre difficultés à boucler les fins de mois et peur d'un "grand déclassement" : comment le pouvoir d'achat s'est imposé comme la préoccupation n° 1 des Français », Fondation Jean-Jaurès, 25 juin 2024.

de médecins, problématique des déserts médicaux et de l'accès au soin, sentiment d'abandon, perte de confiance (dans autrui, dans les médias, dans les politiques, etc.), peur de l'autre, vote extrême. On peut, parallèlement à ces multiples illustrations, questionner les réseaux sociaux et leur rôle sur le lien social. Nous n'avons jamais été aussi connectés, sommes-nous pour autant davantage « connectés » (au sens liés) les uns aux autres ? Le constat est sans appel : ce sont plus des trois quarts des Français qui pensent que les contacts humains se sont amenuisés ces vingt dernières années.

Corolaire de cette société de l'absence – et notamment d'absence d'humain – la soif de lien ne serait-elle pas notre seul commun ?

4
Réhumaniser la société de l'absence

Une soif de lien et d'humain, un fort désir de solidarité et de proximité, comme pendant les Jeux olympiques de Paris 2024

Revenons à l'étude « Quels communs dans une société française en tensions ? »[1] réalisée par BVA Xsight pour La Poste et qui nous a inspiré cette réflexion. De prime abord, cette étude semble démontrer qu'il n'y a plus aucun commun dans notre société. Quand on demande aux Français ce qu'évoque pour eux le terme « communs » quand on parle de la société française, un quart d'entre eux répond qu'il ne leur évoque rien (24 %). C'est d'ailleurs la réponse spontanée la plus largement donnée à cette question ouverte.

1. Données issues de l'étude BVA Xsight pour le groupe La Poste : « Quels communs dans une société française en tensions ? », 2024, doc. cit.

Pour autant, quelques communs semblent se dessiner autour des notions de solidarité et de proximité qui font aujourd'hui défaut. On sent poindre un désir commun de réhumanisation, touchée du doigt pendant les Jeux olympiques (JO). Ainsi, à la même question ouverte, 12 % des répondants évoquent, lorsqu'ils pensent aux « communs », le fait d'être ensemble, de vivre ensemble. 10 % évoquent quant à eux le partage et la solidarité, qui sont des notions qui relèvent du même registre. Les verbatims sont, à ce titre, assez éloquent, car ils font pour l'essentiel référence aux JO de Paris 2024 pour mettre en perspective cette soif de lien, montrer que cette reconstruction du lien social est possible puisqu'on l'a touchée du doigt pendant cette parenthèse enchantée. Un Français interrogé sur ce qu'évoque pour lui le terme « communs » nous répond ainsi : « Cela m'évoque "comme un" et avec le mot unité, nous pourrions faire de grande chose. Nous l'avons bien vu avec les JO. » Un autre nous dit : « Commun et communauté sont liés, mais seulement dans certains moments, comme les JO, mais le reste de l'année, les gens sont très individualistes. » Ou un autre encore : « Les JO [...] finalement cela donne espoir pour que la société évolue dans le bon sens. »

Il est vrai que – comme en miroir à cette société de l'absence dont nous faisons le constat – les JO ont, au contraire, pendant un laps de temps resserré, permis de recréer de la présence et de l'humain. Au sens propre. Du jour au lendemain, on a constaté plus de présence humaine dans les gares, plus de présence humaine dans les transports en commun, dans les lieux publics, dans la rue, dans les stades, plus de personnes engagées, plus de bénévoles, plus de forces de l'ordre, etc. Les chiffres parlent d'eux-mêmes : outre les près de 15 000 athlètes et para-athlètes (14 900 pour être précis) qui se sont pressés à Paris 2024, auxquels s'ajoutent les 11,2 millions de visiteurs pendant les JO et 2 millions de touristes pendant les Jeux paralympiques, notons la présence de 45 000 volontaires pour l'organisation, mais aussi la mobilisation de 30 000 policiers et gendarmes au quotidien en moyenne, et jusqu'à 45 000 pour la cérémonie d'ouverture ou encore, en complément, la mobilisation de 16 500 agents de sécurité privée. Ces chiffres donnent le tournis et n'ont pas vocation à être retenus. Mais ils symbolisent à eux seuls un enseignement central : la présence humaine accrue, à tous les niveaux, qu'ont entraîné les JO de Paris à l'été 2024. Comme en opposition à « la société de l'absence » dans laquelle nous nous sommes habitués à vivre le reste du temps. Et impossible de ne pas mettre en regard les sentiments véhiculés par ces deux « modèles » : perte de confiance et peur d'un côté, joie, allégresse et même fierté à l'égard de nos différences de l'autre. Même si, bien sûr, les moteurs de ces sentiments ressentis par de nombreux Français pendant les JO ne résultent pas seulement de la réhabilitation de l'humain. Ils sont multifactoriels. Mais on ne peut nier que nous avons assisté, pendant cette période, à une réhumanisation partielle de la société qui a permis de réguler les tensions et les incivilités, entraînant de fait un climat plus apaisé et plus serein qu'à l'accoutumée. Ainsi, l'état d'esprit joyeux et euphorique qui était celui des Français pendant cette période, remettant l'humain au centre, met en lumière de façon plus crue encore comme un négatif de photo, l'état d'esprit morose qui est le leur dans cette société de l'absence que nous venons de décrire.

Il n'est pas surprenant, dans ce contexte, que les Français expriment un fort désir de proximité et de solidarité. 45 % considèrent, en effet, que le mot « proximité » est connoté positivement, 42 % pensent la même chose du terme « solidarité ». Ces mots sont parmi les trois perçus comme connotés les plus positivement parmi la liste de plus de quinze mots que nous avons testés et soumis aux Français que nous avons interrogés (dont le mot « avenir » perçu négativement par une personne sur deux). Il convient de noter que ces deux termes sont particulièrement bien perçus par les plus jeunes : 60 % des moins de 35 ans perçoivent le mot « proximité » positivement, 62 % le terme « solidarité ».

Vers un nouveau modèle de société, entre dématérialisation et réhumanisation

Il ne s'agit pas pour autant de balayer d'un revers de la main le modèle actuel et encore moins de nier les apports du numérique, d'ailleurs perçus positivement. 44 % des Français perçoivent, en effet, le terme « numérique » de façon positive, ce qui le classe en deuxième position des mots les mieux perçus, entre la « proximité » et la « solidarité » justement ! Il est d'ailleurs très probable que les progrès nombreux, salués plus haut par les Français, en particulier sur le plan technique, sur le plan de la mobilité, de la communication, etc., soient à mettre au crédit, en partie au moins, du numérique.

Mais il faut trouver un juste équilibre. Il s'agit aujourd'hui de remettre de l'humain dans une société de plus en plus déshumanisée, sous l'effet de la dématérialisation. Ce mouvement de réhumanisation implique de s'appuyer sur les différents acteurs du lien social. Interrogés sur différents espaces[1], pour savoir dans quelle mesure ils contribuent à créer du lien entre les individus, les Français ont placé en tête de leurs réponses les lieux de pratique sportive (clubs, stades, salles…), considérés comme fortement contributeurs de lien social (46 % des Français leur attribuant une note comprise entre 8 et 10 sur une échelle de 0 à 10) et les associations (41 %), à l'instar de ce que l'on a pu percevoir à travers les JO. Ces lieux sont vecteurs de partage, d'échanges, ils permettent de se retrouver autour de valeurs communes, au-delà d'éventuelles différences. Autres lieux perçus comme créateurs de lien social aux yeux des Français, bien que dans une moindre mesure : les commerces de proximité, considérés comme fortement contributeurs par 38 % des Français, ainsi que les bars et les cafés (36 %), qui font presque jeu égal avec le lieu de travail (35 %).

1. *Ibid.*

Les lieux un peu plus anonymes comme les bibliothèques et médiathèques (28 %), les espaces publics (25 %) ou encore les bâtiments publics (18 %) arrivent en retrait (précisons que, dans le cadre de l'enquête mentionnée, d'autres lieux, comme l'école, l'église ou encore l'armée, qui constituaient autrefois les piliers de la Nation et donc du vivre-ensemble, n'ont pas été étudiés). Mais ce qui est extrêmement frappant et révélateur est le fait que les réseaux sociaux se classent en dernière position, avec une note moyenne de 5 sur 10. Alignés avec le propos de David Le Breton pour qui nous n'avons jamais autant communiqué (grâce aux réseaux sociaux), mais jamais aussi peu réellement échangé, les Français ne considèrent pas les réseaux sociaux comme un espace envisageable pour (re)créer du lien. Cela même alors que nous y avons un accès de plus en plus permanent et accru. Rares (et précieux) sont désormais les lieux sans réseau 5G ni Wi-Fi. Désormais, même les avions, qui transportent des voyageurs au-dessus des nuages, proposent des connexions Wi-Fi.

Les France Services, évoquées plus haut, non testées dans cette enquête, sont également susceptibles de recréer du lien. On a vu que l'on y vient d'abord pour obtenir un contact humain de qualité. Si les services qu'on y trouve y sont limités, ils offrent a minima un accompagnement dans les démarches. Et en ce sens, constituent un parfait trait d'union entre cette « société orientée client » décrite précédemment et la « société du liant » à laquelle aspirent de nombreux Français. Ils proposent des services tout en misant sur l'humain. Un exemple à suivre.

Au-delà des espaces se pose la question des acteurs susceptibles de recréer du lien social. Lorsque l'on demande aux Français, parmi les différentes figures de la vie quotidienne, lesquelles contribuent à créer du lien entre les individus, ils placent en tête de leur hiérarchie les commerçants de proximité (contribuant fortement à créer du lien entre individus pour 41 % des Français). Viennent ensuite les pharmaciens (36 %), les professionnels de santé (32 %), à égalité avec les facteurs et postiers (32 % également), devant les travailleurs sociaux (31 %). Les représentants des forces de l'ordre (24 %) ainsi que les buralistes (23 %) se classent en dernier. Ce sont donc des espaces et des lieux qui remettent clairement l'humain au centre, pour ne pas dire l'humain au cœur.

Recréer de la proximité et s'inspirer de l'échelon local

La notion de proximité, que l'on retrouve chez les commerçants dits de proximité, est, on l'a vu, essentielle pour les Français. La proximité est, rappelons-le, le mot qu'ils valorisent le plus aujourd'hui ! D'autres éléments issus des deux études réalisées pour La Poste illustrent cette demande de proximité, de resserrage autour de l'échelon local, d'inspiration même du niveau local pour un modèle futur à réinventer. Ainsi, par exemple, alors même qu'ils portent un regard sévère et sombre sur la société en général, plus des trois quarts des Français (77 %, selon l'étude pour La Poste/BGPN) estiment qu'ils vivent dans « un endroit où il fait bon vivre » et ils sont plus d'un sur deux (54 %) à estimer qu'ils vivent dans un endroit « chaleureux, où il y a des échanges entre voisins ou personnes du même quartier ». Cette « douceur de vivre » est particulièrement saluée par les personnes vivant en milieu rural (87 %, soit 10 points de plus que la moyenne) et dans les communes de 2000 à 20000 habitants. Elle est au contraire en retrait dans l'agglomération parisienne, même si 62 % des Franciliens pensent qu'il fait bon vivre là où ils habitent. D'ailleurs, alors qu'un Français sur trois déclare avoir l'intention de déménager dans un avenir plus ou moins proche, c'est avant tout dans des petites villes qu'ils se projettent. Preuve en est qu'il se passe quelque chose au niveau local, qu'il existe une dynamique sociale différente à l'échelon du territoire de proximité et plus encore dans les zones rurales ou semi-rurales. D'ailleurs, toujours selon cette même étude, si logiquement dans un pays jacobin comme la France, c'est l'État qui est jugé le plus efficace pour lutter contre les inégalités par les Français (68 %), les collectivités locales arrivent en deuxième position, citées par 40 % des Français, devant d'autres acteurs comme les citoyens ou les associations, et surtout loin devant les entreprises, qu'elles soient publiques ou privées. L'échelon local et la proximité apparaissent ainsi comme des leviers de l'atténuation des fractures.

En matière de domaines d'action, l'amélioration de l'accès aux soins et la santé (évoquée par 58 % des Français), la réduction des inégalités territoriales (42 %) et la lutte contre l'isolement (40 %) apparaissent comme des priorités pour préserver le vivre-ensemble. Ce sont trois grands domaines d'action qui sont la résultante, pour partie, du double mouvement de dématérialisation et de déshumanisation décrit plus haut, ayant conduit à cette « société de l'absence ». Il s'agit donc bien, aujourd'hui, de contrecarrer ce mouvement. D'autres sujets, qui relèvent aussi de l'humain, mais sans faire écho à la problématique de la numérisation de la société, arrivent seulement après dans les priorités d'action des Français pour préserver le vivre-ensemble : prendre soin des personnes âgées (35 %), favoriser l'insertion professionnelle des jeunes (34 %) et améliorer la prise en charge des personnes dépendantes (28 %). Ce sont des domaines d'action mécaniquement moins altérés par la dématérialisation car requérant par nature une forte présence et une intervention humaine, notamment s'agissant de la prise en charge des personnes âgées et des personnes dépendantes. En revanche, l'amélioration de l'accès au numérique arrive en dernière position et de loin (citée par 11 % des Français seulement) dans la liste des sujets permettant de préserver le vivre-ensemble. Alors que près de six Français sur dix considèrent l'impact des réseaux sociaux sur les relations entre les gens comme le changement majeur de ces vingt dernières années, le peu d'attention porté au numérique est très révélateur et vient en partie conforter le diagnostic qui est le nôtre.

Pour autant, les apports du numérique restent indéniables. Il ne s'agit pas de gommer les tensions qu'il a contribué à créer en cédant à la tentation d'un retour en arrière qui nous ramènerait à l'ère du téléphone filaire et des lettres papier. En revanche, à l'ère des accueils en guichet, des caissiers à chaque caisse, des conseillers en agences, etc. pourquoi pas ? Notre modèle actuel est clairement – déjà ! – à bout de souffle. Il s'épuise et nous épuise. Et il ne faut pas sous-estimer un élément central dans cette analyse : ce mouvement de dématérialisation de la société s'est produit à une rapidité incroyable, en quelques dizaines d'années seulement, ce qui n'est rien à l'échelle de l'humanité ! C'est extrêmement soudain et brutal. Il est donc logique que le corps social n'en ressorte pas indemne. D'autant que ce mouvement, par sa rapidité, s'est fait la plupart du temps sans accompagnement. Prenons un exemple : les réseaux sociaux. Nous y avons plongé, et nos enfants après nous, sans mode d'emploi, sans éducation, sans connaître ses risques et méfaits potentiels. La situation évolue – doucement – aujourd'hui de ce point de vue, mais c'est bel et bien ce qui s'est produit. Il s'agit donc aujourd'hui d'inventer un nouveau modèle de société qui tienne compte des enseignements de ces vingt dernières années.

Si cet ouvrage établit en premier lieu un constat relativement connu, celui de Français portant un regard négatif sur la France et fatigués, il s'attache surtout à comprendre les raisons de cet état d'esprit pour réussir à s'en défaire.

Bien sûr, le contexte de « permacrise » dans lequel nous sommes plongés depuis maintenant dix ans n'est pas étranger à cet état d'esprit. Bien sûr, le fait d'être confronté aux nouvelles anxiogènes du monde (sur le climat, sur les États-Unis depuis l'élection de Donald Trump, la guerre en Ukraine, la guerre entre Israël et le Hamas et on pourrait poursuivre cette liste pendant longtemps) dès qu'on allume sa radio ou sa télévision vient nourrir ce pessimisme. Bien sûr, la montée des populismes dans nombre de démocraties occidentales a des causes multifactorielles et on ne peut négliger notamment, pour la comprendre, le schisme entre « gagnants » et « perdants » de la mondialisation. Bien sûr, la crise inflationniste ou « crise du pouvoir d'achat » que nous avons traversée pendant deux ans et dont nous sortons à peine a renforcé ce puissant sentiment de lassitude des Français, nourri par une sensation de déclassement individuel.

Mais on aurait tort de ne pas considérer davantage l'impact du numérique et du profond mouvement de dématérialisation qui s'est opéré en l'espace de vingt ans, venant toucher et le plus souvent bouleverser l'ensemble des sphères de notre vie. Je n'en avais d'ailleurs pas conscience moi-même avant de me lancer dans cet ouvrage et de documenter, chiffres à l'appui, cette évolution. Du moins pas de son ampleur. Car elle est tout sauf neutre ! Dans un temps extrêmement resserré, pour ne pas dire presque « nul » à l'échelle de l'humanité, nous avons profondément transformé les interactions sociales et modifié notre façon d'interagir les uns avec les autres. Nous avons pu le constater en matière de services publics, dans le lien qui unit les citoyens et l'État, mais également en matière de services, loisirs, commerces, etc. et même dans les relations amoureuses ! Nous n'avons pas exploré ici les relations entre individus d'un même groupe (famille, amis), mais on sait qu'ils ont aussi énormément évolué avec l'arrivée des réseaux sociaux et des groupes WhatsApp. Tout ça nous paraît normal et nous faisons presque comme si de rien n'était, comme s'il ne s'était rien passé. Mais entre la façon dont nous interagissions avec autrui, dans tous les domaines de notre vie à l'aube des années 2000 et la façon dont nous interagissons aujourd'hui, il y a un monde ! Et tout ça en à peine vingt ans. Et tout ça sans réel cadre, ni sans réelle réflexion.

Il est donc évident qu'un tel mouvement de bascule ne peut pas se faire sans laisser de séquelles et sans profondément affecter le corps social. Corps social qui a finalement été très peu préparé ni accompagné pour s'adapter à ces changements, quelque part subis et non choisis. Une telle révolution ne peut que laisser des traces profondes, des stigmates. Et on ne peut s'étonner de constater et déplorer, parallèlement, la montée de l'individualisme.

On devine néanmoins la possibilité d'un avenir plus optimiste qui ne se résume pas à la perspective inéluctable d'un affrontement entre individus devenus incapables de se parler. Les différents constats établis ici – le constat d'une fatigue née d'une mise en tension permanente entre des aspirations contradictoires ; le constat de l'affrontement entre deux modèles de société, celui d'une « société orientée client » et celui d'une « société du liant » ; le constat d'une dématérialisation de notre société ayant entraîné sa déshumanisation partielle et progressive ; le constat, enfin, d'une société de l'absence, mais qui cohabite avec un fort désir de lien, de proximité, de liant – laissent entrevoir une autre voie plus apaisée, autour de communs réaffirmés, d'une humanité retrouvée.

Un nouveau modèle est à construire pour accompagner cette société qui est déjà en mouvement, qui cherche déjà à s'adapter à ces tensions qu'elle subit plus qu'elle ne choisit, qui se fatigue à toujours le faire et qui cherche encore le cadre idoine pour être en phase avec ses aspirations. Ce nouveau modèle à construire peut s'inspirer notamment de ce qui fonctionne localement, pour réhabiliter la notion de « proximité » chère aux Français. La société n'est pas immobile, elle oscille en permanence entre nostalgie du passé et volonté d'aller de l'avant. Les individus évoluent dans leurs modes de vie et sont en attente de solutions pour retrouver la maîtrise du temps et le plaisir du présent. Pour éviter la tentation du retour en arrière, il est nécessaire d'accompagner ces mouvements de société en remettant de l'humain partout et en recréant du liant, auquel les Français aspirent tant. Et en optant sans doute pour une voie médiane, vers un nouveau modèle hybride, qui concilie intelligemment dématérialisation et réhumanisation.

Nous n'avons pas, dans le cadre de cette réflexion, travaillé à imaginer et tester des pistes d'action concrètes, domaine par domaine. Il s'agissait surtout de donner un cadre pour les penser. En matière de services publics, on a vu, par exemple, que les France Services pouvaient complètement jouer ce rôle à la jonction des deux modèles. Des alternatives similaires sont sans doute possibles dans d'autres secteurs. Tout comme la nécessité d'une réelle éducation au numérique et aux réseaux sociaux, dans le cadre scolaire, qui s'impose clairement. Il existe d'autres ressorts pour recréer du lien. Nous avons déjà évoqué le rôle du sport. On pourrait également citer le rôle de l'art et de la culture. C'était déjà le cas sous l'Antiquité grecque. Un dialogue entre la déesse Artémis et Chiron évoque l'art comme passerelle entre les individus. Dans ce registre, on pourrait citer le film *En fanfare*, sorti fin 2024 et qui a rencontré un grand succès, avec 2 millions de spectateurs. Relatant l'histoire de Thibault, chef d'orchestre de renommée internationale qui apprend qu'il a été adopté et découvre l'existence d'un frère, Jimmy, employé de cantine scolaire, qui joue du trombone dans une fanfare du nord de la France. L'histoire relatée dans ce film n'est-elle pas celle de la résorption des fractures par la musique ? Ainsi que celle de la force « du local », à l'image de cette fanfare ancrée dans son territoire et formidable vecteur de communs ?

Cette envie de croire qu'un avenir moins sombre est possible et surtout que les Français y aspirent, à travers la réhabilitation de liens entre eux, est peut-être un peu utopique voire naïve. Naïve, je confesse volontiers l'être. Mais comme l'a écrit l'un de mes auteurs préférés, « lorsque l'avenir est sans espoir, le présent prend une amertume ignoble » (Émile Zola dans *Thérèse Raquin*[1]). Et il est grand temps d'effacer cette amertume qui tend à gagner de plus en plus de Français. Pour retrouver le plaisir et la fierté d'être ensemble. De vivre-ensemble.

---

1. Émile Zola, *Thérèse Raquin,* Paris, Gallimard, 2014 [1867].

Remerciements

Je remercie les équipes du Groupe La Poste, sans qui je ne me serais pas engagée dans cette réflexion : Philippe Wahl, son Président-directeur général, Marie-Aude Dubanchet, directrice de la communication, Alexandra Mauraisin, directrice de la marque, Nathalie Collin, Directrice générale de la branche Grand Public et numérique ; mais aussi et surtout, Hélène Delahaye, directrice des études et du planning stratégique du Groupe et Emmanuel Chazalet, directeur du planning et de la communication des projets stratégiques de la branche BGPN, pour leur confiance et nos échanges nombreux.

Je remercie les équipes de BVA Xsight qui m'ont apporté leur aide et tout particulièrement Christelle Craplet, Maud Belloir et Katia Stankoff.

Je tiens à remercier Jérémie Peltier – sans qui « la société de l'absence » n'existerait pas – et Laurent Cohen pour leur confiance.

Enfin, merci à mon premier lecteur pour son aide et son soutien, il se reconnaîtra.

Table des matières

Reconnue d'utilité publique dès sa création, la Fondation Jean-Jaurès est la première des fondations politiques françaises. Elle est présidée par Jean-Marc Ayrault. Indépendante, européenne et social-démocrate, elle se veut depuis plus de trente ans un lieu de réflexion, de dialogue et d'anticipation. Les partenariats éditoriaux qu'elle engage répondent à l'ambition de faire naître analyses pertinentes et propositions audacieuses, mais aussi de mettre cette production intellectuelle et politique au service de tous. Laurent Cohen et Jérémie Peltier en sont les directeurs des publications.

Pour limiter l'empreinte environnementale
de leurs livres, les éditions de l'Aube
font le choix de papiers issus de forêts durablement
gérées et de sources contrôlées.

Achevé d'imprimer en mai 2025
sur les presses de l'imprimerie Firmin-Didot
pour le compte des éditions de l'Aube
331, rue Amédée-Giniès,
F-84240 La Tour-d'Aigues

Numéro d'édition : 6664
Dépôt légal : mai 2025
Numéro d'impression : 184151

Imprimé en France